AF380545

Ewald Hecker

Psychologie des Lachens und des Komischen

e-artnow 2018

Alfred Adler
Der Sinn des Lebens

Sigmund Freud
Das Ich und das Es

Georg Simmel
Zur Psychologie des Geldes

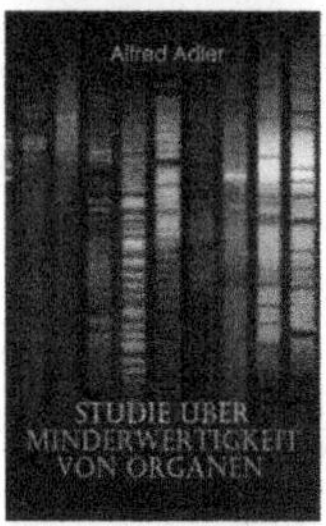

Alfred Adler
Studie über Minderwertigkeit von Organen

Theodor Lipps
Komik und Humor

Karl Ludwig Schleich
Das Ich und die Dämonien

Alfred Adler
Praxis und Theorie der Individualpsychologie

Sigmund Freud
Hemmung, Symptom, Angst

Wilhelm Maximilian Wundt
Grundriss der Psychologie

Sigmund Freud
Analyse der Phobie eines fünfjährigen Knaben

Ewald Hecker

Psychologie des Lachens und des Komischen

e-artnow, 2018
Kontakt: info@e-artnow.org

ISBN 978-80-273-1211-5

Inhaltsverzeichnis

Einleitung

A. Physiologischer Theil

a. Der Kitzel

b. Das Komische

B. Psychologie des Komischen

Wenn ich Dir, lieber Kahlbaum, das vorliegende Büchelchen auf den Weihnachtstisch lege, so weiss ich freilich, dass ich Dir mit demselben keine unerwartete Ueberraschung bereite; denn Du hast ja um das Entstehen des kleinen Werkes gewusst und an ihm von Anfang an den lebhaftesten Antheil genommen. Doch hoffe ich Dir damit trotzdem eine kleine Freude zu bereiten. Vor Allem aber möchte ich Dir mit der Widmung dieses Buches einen geringen Theil des Dankes abtragen, den ich Dir in so reichem Maasse schulde für das herzliche Interesse, das Du stets an mir und meiner geistigen Ausbildung genommen, für die freundliche Theilnahme, die Du meinen Studien geschenkt, für Deine stete Bereitschaft, auf meine Pläne und Arbeiten einzugehen und mich dabei mit treuem Rathe zu unterstützen. — Unter Deiner Leitung bin ich in einen Beruf voll Ernst und Mühe eingetreten, Du hast in mir von Anfang an ein wahres wissenschaftliches Interesse für denselben zu erwecken gewusst und mir in rückhaltslosester Weise die reichen Schätze Deines Wissens und Deiner Erfahrungen aufgeschlossen. Vorzüglich bin ich auch dafür dankbar, dass Du mich auf die Anknüpfungspunkte achten gelehrt hast, die unsere Specialwissenschaft, die Psychiatrie, mit den anderen Gebieten des Wissens in Zusammenhang erhalten und mich namentlich auf die Psychologie als eine mir bis dahin ziemlich fremde, für die Psychiatrie aber unent-behrliche Wissenschaft hingewiesen hast. Von Dir werde ich am wenigsten den Vorwurf zu fürchten haben, dass ich mich mit meiner vorliegenden Arbeit zu weit von unserem Specialgebiete entfernt habe; zumal Du weisst, dass dieselbe eigentlich die Frucht meiner Vorstudien zu einer Psychologie des gesunden und kranken Gefühlslebens ist. Das vorliegende Thema bot durch die in ihm sich vollziehende enge Verknüpfung der Physiologie mit der Psychologie den besten Ausgangspunkt, um das eben erwähnte Gebiet nach der naturwissenschaftlichen und experimentellen Methode zu durchforschen. Wenn meine Arbeit, wie ich hoffe, nicht ganz erfolglos gewesen ist, so scheint mir das hauptsächlich für die Richtigkeit der eingeschlagenen Methode zu sprechen. Schon Wundt hat in seinen „Beiträgen zur Theorie der Sinneswahrnehmungen" der ausgedehnten Anwendung des Experiments in der Psychologie lebhaft das Wort geredet und ich verdanke dem eben erwähnten Buche eine nicht unerhebliche Förderung und Klärung meiner Ideen. Als ferneres Hilfsmittel, um die Psychologie mit Erfolg weiter auszubauen, betrachtet Wundt die Erweiterung der bisherigen Beobachtungsmethoden durch Heranziehung der Statistik, der Entwicklungsgeschichte der Seele und der vergleichenden Psychologie, welch letztere Wissenschaft zum Theil in Gestalt der Völkerpsychologie vor Allem durch die unermüdlichen und gründlichen Forschungen von Lazarus und Steinthal für die allgemeine Psychologie schon von grösster Bedeutung geworden ist. — Durch Dich habe ich endlich den hohen Werth der Psychiatrie als Hilfswissenschaft der Psychologie schätzen gelernt. Sowie die krankhaften Erscheinungen an den körperlichen Organen oft einem exacten physiologischen Experimente gleichkommen, durch welches der Physiologe über bis dahin unentschiedene Fragen genauen Aufschluss erhält, so kann uns auch eine krankhafte Störung des geistigen Lebens nicht selten als ein Experiment gelten, bei welchem die Einzel-Factoren des geistigen Mechanismus durch ihren Ausfall oder durch abnorme Steigerung um so deutlicher zur Beobachtung kommen können. —

Deine Arbeiten über die Hallucinationen und über die Ideenflucht sind mir in dieser Beziehung als mustergültig erschienen und ich bedaure nur, dass sie in einem Fachjournal gleichsam untergegangen, zum grossen Theil aber noch nicht einmal veröffentlicht sind.

Die Psychologie ist Gemeingut so vieler Wissenschaften, dass, wo es irgend angeht, ihre Forschungen in einer jedem Gebildeten verständlichen Sprache niedergelegt werden sollten. Darum habe ich mich auch bestrebt, die vorliegende Abhandlung unbeschadet ihres wissenschaftlichen Inhalts in eine allgemein verständliche Form zu kleiden. Wie oft mein Können hinter dem Wollen zurückgeblieben, weiss ich freilich am besten und muss Dich um Deine Nachsicht bitten. Was den Inhalt anbetrifft, so habe ich mit Lust und Eifer gestrebt, die Wahrheit zu finden und muss es getrost dem Urtheil sachverständiger Kritiker überlassen, zu entscheiden, ob und in wie weit mir dies gelungen. Möchte vor Allen Dir das Buch einige Freude machen! Das ist mein aufrichtigster Wunsch.

EINLEITUNG

Es ist eine allgemein bekannte Erfahrung, dass ein grosser Theil unserer Bewegungen ganz ohne Einfluss des Willens von Statten geht. Die dabei thätigen Muskeln sind entweder solche, die überhaupt nur unwillkürlich wirken — wie die Muskeln des Herzens, des Magens, Darms, der Blutgefässe u. s. w. — oder solche, die nur unter bestimmten Umständen sich der Herrschaft unseres Willens entziehen, dem sie sonst zu gehorchen gewohnt sind.

Wider unseren Willen, ja oft ohne unser Wissen, treten in den verschiedensten Muskelgruppen unwillkürliche geordnete Bewegungen ein, die wir in den meisten Fällen nicht einmal zu hemmen im Stande sind. Wenn wir uns den Finger unversehens stechen, so ziehen wir schnell die Hand zurück, noch ehe unser Wille dazu das Gebot erliess; wenn wir einen Bissen tief in den Schlund hinabschieben, so tritt eine unwillkürliche Schluckbewegung ein; wenn wir den Gaumenbogen und das Zäpfchen kitzeln, werden wir zu Brechbewegungen gezwungen; wenn ein fremder Körper in unsere Nase eindringt, oder wir die Schleimhaut derselben mit einem Federbart reizen, so erfolgt eine gewaltsame Krampfbewegung bestimmter Athmungsmuskeln, die wir das Niesen nennen u. s. w.

Da wir nun wissen, dass in unserem Organismus keine Bewegung zu Stande kommen kann ohne eine Erregung der den Muskel versorgenden Bewegungsnerven, und es ferner ersichtlich ist, dass diese Nervenerregung stets eine bestimmte Ursache, einen Ausgangspunkt haben muss, so erscheint die Frage nach der Quelle der eben mitgetheilten Bewegungen wohl gerechtfertigt. Während sonst der Wille vom Gehirn aus die zu den verschiedenen Muskeln tretenden Bewegungsnerven innervirt (anregt), sehen wir hier ohne diesen gewöhnlichen Reiz eine Muskelaction zu Stande kommen. Welcher andere Reiz also ist es, der unseren Willen die Herrschaft über die Muskeln streitig zu machen sucht?

Wenn wir die Reihe der oben angeführten Beispiele, die wir leicht noch bedeutend vermehren könnten, betrachten, so sehen wir, dass der Bewegung jedesmal eine Reizung bestimmter Empfindungsnerven vorausging, im ersten Fall: der Stich in den Finger, im zweiten Fall: die Berührung des Schlundes u. s. w. Bei der Unabänderlichkeit dieses Verhältnisses war der Schluss nahe gelegt, dass die nachfolgende Bewegung zur vorausgegangenen Empfindung in ursächlicher Beziehung stehe, und in der That hat denn auch eine grosse Zahl sehr exacter Untersuchungen die Erklärung dieses eigenthümlichen Verhältnisses ergeben.

Der Reiz nämlich, der den Empfindungsnerven getroffen hat und von der Peripherie aus seinen gewöhnlichen Weg nach dem Nerven-Centrum (durchs Rückenmark nach dem Gehirn) nimmt, springt, noch ehe er sein letztes Ziel erreicht hat, und auf diese Weise uns zum Bewusstsein kam, innerhalb des Rückenmarks durch Vermittlung verbindender Ganglien- oder Nervenzellen auf einen Bewegungsnerven über. Dieses „Sichumsetzen" (Zurückstrahlen) einer Empfindung in Bewegung nennt man *Reflex* und daher die Reihe der geschilderten Bewegungen *Reflexbewegungen*.

In der Regel geht nun aber nicht der ganze Reiz vom Empfindungs- auf den Bewegungsnerven über, sondern ein Theil desselben setzt seinen Weg nach dem Gehirn weiter fort und wird als Empfindung dem Bewusstsein übermittelt. Wird jedoch diesem Nebenstrom nach dem Gehirn (ins Bewusstsein) durch bestimmte Bedingungen der Weg vertreten, so wird dann der ganze Empfindungsstrom auf den Bewegungsnerven reflectirt, und es kommen die Reflexbewegungen um so leichter und lebhafter zu Stande. Beim Menschen sind diese Bedingungen vorhanden, wenn die Aufmerksamkeit sehr lebhaft auf einen ganz andern Punkt gelenkt, wenn während Schlaf und Ohnmacht das Bewusstsein unzugänglich, oder endlich wegen krankhafter Störungen im oberen Theil des Rückenmarks die Leitung nach dem Gehirn erschwert ist. Am einfachsten und besten kann man diese Verhältnisse an Thieren künstlich erzeugen, indem man ihnen durch Abschneiden des Kopfes das Gehirn völlig nimmt, was namentlich bei Fröschen am leichtesten ausführbar ist.

Beim näheren Studium der Reflexbewegungen drängt sich besonders eine interessante Thatsache unserer Beobachtung auf: dass sich nämlich fast alle diese Bewegungen durch eine wunderbare Zweckmässigkeit auszeichnen, indem sie zu dem veranlassenden Reize in bestimmte, scheinbar vernünftige und überlegte Beziehungen treten, während ja doch thatsächlich gerade Ueberlegung und Wille bei ihnen ausgeschlossen sind. Die Reflexbewegung hat entweder die Entfernung des verletzten Körpertheiles aus dem Bereich der Schädlichkeit oder die Entfernung des reizenden Objectes von unserem Körper zum Zwecke. Durch das Fortziehen der Hand entgehen wir der stechenden Nadel, durch das Niesen entfernen wir den prickelnden Körper aus der Nase u. s. w. Vorzüglich aber war am enthaupteten Frosch, an welchem nach dem oben Gesagten die Reflexbewegungen viel leichter und vollständiger zu Stande kommen, als bei Erhaltung des Gehirns, die Zweckmässigkeit seiner Bewegungen so auffallend und frappant, dass sich unter den Physiologen ein Streit darüber entspinnen konnte, ob nur das Gehirn und nicht auch das Rückenmark des Frosches mit einer Seele begabt sei. Namentlich neigte sich Professor Pflueger, der sich um das Studium der Reflexbewegungen sehr verdient gemacht hat, der Ansicht von der Seele im Rückenmark zu; während Professor Goltz, dem wir nicht minder werthvolle Entdeckungen auf diesem Gebiet verdanken, sein entschiedener Gegner Wurde.

Ich glaube, dass Goltz mit der Zurückweisung der Rückenmarksseele völlig im Rechte ist, wenn es sich auch nicht leugnen lässt, dass die Abwehrbewegungen des enthaupteten Frosches ganz täuschend dem Product einer vernünftigen Ueberlegung gleichen; denn dieselben sind nicht allein dem Orte, sondern auch der Form der Reizung angepasst: Kneife ich den des Grosshirns beraubten Frosch mit einer Pincette, so schlägt er mit der entsprechenden Pfote das Instrument zur Seite; bestreiche ich seine Haut mit Essigsäure, so macht der Frosch alsbald Wischbewegungen u. s. w. und wenn schliesslich alle diese Anstrengungen ohne Erfolg bleiben und der Reiz noch stärker ausgeübt wird, kriecht oder springt das Thier davon. Aber noch mehr! nimmt man dem Frosche durch Amputation des betreffenden der gereizten Körperseite entsprechenden Beines oder dadurch, dass man dasselbe an den Leib festnäht, die Möglichkeit, mit diesem die zuächst versuchten Bewegungen auszuführen, so sehen wir, wie das Thier nach einigen fruchtlosen Bemühungen das andere Bein zur Hülfe nimmt.

Ich kann mich leider hier nicht weiter auf diese interessanten und vielfach complicirten Experimente einlassen und will nur noch anführen, dass Goltz diese letztgeschilderten modificirbaren Bewegungen (als sogenannte Antwortsbewegungen) von den stets in derselben Form verlaufenden einfachen Reflexbewegungen unterscheidet. Zu diesen letzteren, die uns hier vorzugsweise interessiren und für welche auch die oben angeführten Beispiele gelten, gehört namentlich eine Zahl von krampfartigen Bewegungen, sog. *Reflexkrämpfe*, die als Husten, Niesen, Lachen, Weinen (d. h. Schreien und Schluchzen) und Gähnen allgemein bekannt sind. Es liegt nahe, auch von diesen Bewegungen anzunehmen, dass sie einen bestimmten, vernünftigen Zweck verfolgen, und so haben wir ja auch in der That die Zweckmässigkeit des Niesens schon anerkennen müssen, indem wir beobachteten, dass der durch die Nase getriebene heftige Luftstrom offenbar die Aufgabe erfüllt, den die Schleimhaut reizenden Körper hinauszuschleudern. Ganz ebenso sehen wir beim Husten durch die gewaltsamen krampfartigen Athemstösse die Ausstossung von Schleim und Staubpartikelchen aus der Luftröhre erfolgen. — Es werden diese Bewegungen nicht durch unseren Willen hervorgerufen (wenn derselbe auch einen gewissen Einfluss auf sie ausüben kann), sie sind auch ferner im Gegensatz zu den sog. „Antwortsbewegungen" (s. o.) nicht modificirbar und verrathen ihr von der Ueberlegung unabhängiges Auftreten z. B. dadurch, dass wir auch niesen, wenn ein Federbart unsere Nase kitzelt, obschon doch voraussichtlich der Luftstrom beim Niesen nicht Kraft genug haben würde, ihn zu entfernen. Ebenso husten wir auch, wenn entzündliche oder sonstige Neubildungen in der Schleimhaut der Luftröhre selbst entstanden sind, welche durch die Hustenstösse nicht entfernt werden können. Es beruhen die Reflexkrämpfe also so zu sagen auf einem blindwirkenden Mechanismus, der durch die Organisation unseres Nervensystems vorgebildet und wie Lotze richtig bemerkt, so einfach und zweckmässig ersonnen ist, dass der Mensch mit all seinem Nachdenken ihn nicht erfinden würde: „Man frage Jemand, wie er es anfangen würde, sagt Lotze, um einen fremden Körper aus der Luftröhre zu entfernen? Er wird wahrscheinlich eher auf *Tracheotomie* (Eröffnung der Luftröhre) rathen, als auf Husten." Die Natur sei daher, fährt er fort, mit Recht misstrauisch gegen unseren Erfindungsgeist gewesen und habe die Vertheidigung unserer Gesundheit lieber dem Mechanismus als der Ueberlegung anvertraut. Wie wenig Antheil unsere Seele an der zweckmässigen Einrichtung jener Bewegungen habe, sehe man daraus, *dass wir dieselben oft gar nicht begreifen, nachdem sie da sind* (noch weniger natürlich sie erfinden würden).

Dieser Ausspruch Lotze's veranlasste mich zu der Frage, ob wir denn wirklich nicht im Stande sind, auch die übrigen der oben genannten Reflexkrämpfe zu verstehen und in Bezug auf ihre Zweckmässigkeit in ähnlicher Weise wie das Niesen und Husten zu erklären? Die Literatur gab in der That nur wenig Ausbeute. Nur ein — nach meinem Urtheil jedoch nicht gelungener Versuch von Harless liegt vor, auf den ich später zurückkommen werde. — Es liegt auf der Hand, dass eine richtige Beantwortung und Lösung dieser Frage zunächst von grösstem physiologischen Interesse sein muss. Das Interesse wird aber noch ungemein gesteigert durch folgende Ueberlegung. Die angeführten respiratorischen Reflexkrämpfe des Lachens, Weinens (in seinen beiden Phasen als Heulen resp. Schreien und Schluchzen), sowie des Gähnens werden nicht allein durch gewisse Einwirkungen auf bestimmte, sensible Nerven, sondern auch durch gewisse psychische Zustände ausgelöst. Gelingt es nun, den Zweck (und organischen resp. mechanischen Effect) jener Bewegungen, sofern sie nach bekannter und experimentell zugänglicher Reizung sensibler Nerven entstehen, ausfindig zu machen, so muss damit unbedingt ein höchst interessantes Streiflicht auf die psychischen Zustände fallen, welche dieselben Krampfbewegungen veranlassen. Es muss sich zwischen der peripheren Nervenerregung mit ihrer Wirkung und dem Affect eine Parallele ziehen lassen, durch welche wir in dem sonst so dunklen Gebiet der Psychologie eine materielle Grundlage gewinnen könnten.

Von diesem Gedanken ausgehend suchte ich in unsere Frage einzudringen und war selbst überrascht durch die unerwarteten Resultate, die sich mir ergaben, indem sich die oben angedeutete Parallele in eine völlige, bis in's Kleinste gehende Uebereinstimmung verwandelte. — Es zeigte sich, dass das Lachen in Folge des Kitzels einerseits, weit entfernt etwas Zufälliges oder „angewöhnt Willkürliches" zu sein, vielmehr auf einer weisen Vorsorge der Natur beruhend, bestimmte materielle Aufgaben erfülle, andererseits aber auch das Lachen über komische Vorstellungen mit derselben Nothwendigkeit eintreten müsse, indem das Komische bei seiner Einwirkung auf unser Gemüth (physiologisch nachweisbar) dieselben organischen Veränderungen hervorruft, wie der Kitzel. Ganz Aehnliches gilt vom Weinen (resp. Schreien), sofern es durch körperlichen Schmerz und psychische Rührung, vom Gähnen, sofern es durch körperliche Abspannung und Langeweile entsteht. — Die Methode der Untersuchung, die zu diesen Resultaten führte, ist eine durchaus einfache, wie sich aus der folgenden Darstellung ergiebt, in der wir uns zunächst nur mit dem Lachen beschäftigen wollen.

A. PHYSIOLOGISCHER THEIL

a. DER KITZEL

Das Lachen aus körperlichen Ursachen wird durch den Kitzel hervorgerufen. Der Kitzel besteht, wie eine einfache Beobachtung ergiebt, aus einer Reihe schnell aufeinander folgender, oft wiederholter, *ganz leiser* Reizungen der Hautnerven.

Nach Schiffs Angabe scheint die beständige Schwankung in der Intensität des Reizes resp. die Intermission das Wesentliche zu sein. Denn man erhält nach ihm die eigenthümliche Kitzelwirkung auch dann, wenn man einen Menschen in schneller Folge an immer anderen Hautstellen mit den Fingerspitzen ziemlich stark stösst. Soll es nun unsere Aufgabe sein, die Zweckmässigkeit der durch diese Reizung reflectorisch ausgelösten Lachbewegung nachzuweisen, so müssen wir zunächst bei einem Vergleiche dieser letzteren mit den Reflexkrämpfen des Hustens und Niesens hervorheben, dass eine directe Entfernung des reizenden Objectes, wie es z. B. beim Niesen geschieht, durch das Lachen nicht erzielt wird. Es wird diesem Zwecke durch andere reflectorische Bewegungen genügt, in Folge derer wir zunächst bestrebt sind, den gekitzelten Körpertheil dem Reize zu entziehen.

Wir müssen daher die Wirksamkeit des Lachens nach einer anderen Richtung hin vermuthen. Es liegt dabei die Annahme nahe, dass diese Krampfbewegung nicht direct mit dem Kitzel selbst, sondern erst indirect mit einer durch den Kitzel hervor-gerufenen Veränderung im Organismus zusammenhänge. Deshalb erscheint es nothwendig, zuvor die Frage zu erörtern, *welche Einwirkungen ein Hautreiz, wie ihn der Kitzel darstellt, auf unsern Organismus ausübt.*

Hierbei geben uns zunächst die sehr schätzenswerthen experimentellen Untersuchungen von Dr. Oswald Naumann einen Fingerzeig, welcher, um die Wirkung der Hautreizmittel kennen zu lernen, eine Reihe exacter Versuche angestellt hat, die namentlich darauf ausgingen, den Einfluss der Hautreize auf die Circulation festzustellen. Er richtete einen Frosch, den er durch Trennung der Wirbelsäule vom Kopf getödtet hatte, derartig für das Mikroskop vor, dass er den Blutkreislauf im Mesenterium (dem Dünndarmgekröse — einer feinen Haut, die den Darm überkleidet) gut beobachten konnte, unterband, um bei den folgenden Versuchen jede directe Einwirkung auf das Gefässsystem unmöglich zu machen, die Gefässe des einen Oberschenkels und durchschnitt sodann unterhalb der Unterbindungsstelle alle Theile dieses Schenkels, mit Ausnahme des Nervus ischiadicus (des Hüftnerven — der in seinen feinsten Endverzweigungen u. A. auch die Fusssohle mit Tastnerven versieht), so dass der Thierkörper nur noch durch letzteren mit dem Schenkel in Verbindung blieb. Reizte er nun die Ausbreitungen des Hüftnerven (die Fusssohle) vermittelst des galvanischen sog. Faradayschen Pinsels *mit einem im Verhältniss zur Reizbarkeit des Thieres schwachen elektrischen Reiz*, so konnte er unter dem Mikroskop eine entschiedene Beschleunigung des Blutkreislaufs in den Gefässen des Mesenteriums, der Lunge und der Schwimmhaut des unverletzten Froschschenkels, sowie *eine deutliche Verengerung jener Gefässe* beobachten. Da diese Erscheinung sich in den verschiedensten sowohl von einander als auch von der Stelle des Reizes entfernten Gefässprovinzen nachweisen liess, so kann man wol mit ziemlicher Sicherheit schliessen, dass durch jenen Hautreiz überhaupt das ganze Gefässsystem in der gedachten Weise in Mitleidenschaft gezogen wird. Bei Wiederholungen dieser Versuche an der Flughaut lebender Fledermäuse und endlich vermittelst eines eigens construirten, einfachen Sphygmographen (Pulsmessers) an der Arteria tibialis postica (hinteren Schienbeinpulsader) des Menschen konnte N. dieselben Thatsachen constatiren, die sich in gleicher Weise ergaben, wenn er statt des galvanischen Pinsels andere *leichte* Hautreize wie Senfspiritus *im ersten Stadium der Einwirkung*, Eintauchen in warmes Wasser etc. anwendete. Immer erhielt er als Resultat eine allgemeine Verengerung der Blutgefässe. Machen wir uns, ehe wir weiter gehen, das gewonnene Resultat klar.

Wir haben in Folge des leisen Reizes sensibler Nerven eine Verengerung der Blutgefässe an fernliegenden Organen beobachtet, und es wird diese Erscheinung nach dem Eingangs Gesagten offenbar als eine Reflexwirkung, d. h. als ein directes „Umsetzen" des Empfindungsreizes in eine Bewegung aufgefasst werden müssen. Die hier in Thätigkeit gezogenen Muskeln sind die Ringmuskeln der Gefässe, welche bei ihrer Zusammenziehung eine Verengerung des Gefässrohres verursachen und die jene Muskeln versorgenden Nerven, auf welche die Empfindung reflectirt ist, sind die sog. vasomotorischen Nerven, welche zum grössten Theil im Grenzstrange des Nervus sympathicus (der ausserdem namentlich noch die Pupille sowie verschiedene innere Organe versorgt) verläuft. Wir haben es hier also mit einer Reflexreizung des Nervus sympathicus zu thun, denn wir beobachten dieselben Erscheinungen, die wir sonst nach directer Reizung dieses Nerven auftreten sehen, d. h. zunächst Verengerung der Gefässe, namentlich der an glatten Muskelfasern reicheren *kleinen* Arterien.

Für stärkere Hautreize ist es durch Nothnagels, Heidenhains u. a. Untersuchungen ebenfalls experimentell nachgewiesen worden, dass sie eine reflectorische Reizung des Sympathicus und in specie auch eine Verengung der Gefässe der weichen Hirnhaut zur Folge haben. — Es fragt sich aber, ob auch ein so leichter und vorübergehender Hautreiz wie der Kitzel den Sympathicus reflectorisch erregen kann? Um diese Frage experimentell zu entscheiden, schienen mir die Versuche an Thieren weniger geeignet, weil wir bei diesen eine specifische Wirkung des Kitzels (dem Lachen des Menschen entsprechend) nicht kennen. Nun bietet sich aber zur Veranschaulichung der geschehenen Sympathicus-Reizung beim lebenden Menschen ein sehr bequemes und leicht zugängliches Beobachtungsobject in der Pupille dar. Ich erwähnte schon oben, dass der Nervus sympathicus ausser der Gefässmusculatur auch den Erweiterungsmuskel der Pupille versorgt. Eine Reizung des Sympathicus (gleichviel ob directe oder reflectorische) hat neben der Verengerung der Gefässe eine Erweiterung der Pupille zur Folge. Umgekehrt können wir in der Regel aus einer nach einem bestimmten (wenn nicht gerade nur localen) Eingriff eintretenden Pupillenerweiterung auf eine geschehene Sympathicusreizung und damit Hand in Hand gehende Verengerung der Gefässe zurückschliessen. Um nun also nachzuweisen, dass beim Kitzel wirklich auch eine Reizung des Nerv. symp. stattfindet, stellte ich folgendes höchst einfache und leicht von Jedermann zu wiederholende Experiment an.

Man kitzelt mit einem Federbart oder Pinsel die Versuchsperson, welche mit ihren Augen einen Punkt unveränderlich fixiren muss, an einer besonders reizbaren Stelle (Ohr, Volarseite des Vorderarms oder Fusssohle) *und beobachtet dabei die Pupillen, nachdem man sich vorher von der Weite derselben und den oft auch normaler Weise mit den Phasen der Respiration eintretenden Schwankungen eine Zeitlang überzeugt hat. Unmittelbar nach erfolgtem Kitzel sieht man eine zwar geringe, aber ganz deutlich constatirbare schwankende Erweiterung der Pupillen.* Bei jungen, reizbaren Subjecten gelingt das Experiment fast immer und versagt nur nach öfterer Wiederholung, wobei aber auch gleichzeitig nach Angabe der betreffenden Person die Empfindlichkeit für den Kitzel abgenommen hat. Bei älteren Personen, deren Pupillen überhaupt träge reagiren, sah ich die Wirkung öfter ausbleiben.

Wir können aus diesem Experiment also den Schluss ziehen, dass der Kitzel eine reflectorische Reizung des Sympathicus zur Folge hat und somit auch die für leichte Hautreize schon von Naumann constatirte Verengerung der Gefässe nach sich zieht. Entsprechend der dem Kitzel eigenthümlichen unterbrochenen Reizung sehen wir ein Schwanken in der Erweiterung der Pupille und dürfen demnach auch eine schwankende Verengerung der Gefässe erwarten.

Da nun, wie schon gesagt, die oben genannten Veränderungen der Gefässe sich besonders deutlich an den mit glatten Muskelfasern reichlicher versehenen kleineren Arterien markiren müssen, so werden natürlich vor Allem die Organe, die sich besonders durch ihren grossen Reichthum an kleineren Arterien auszeichnen, vorzüglich davon betroffen werden — so *namentlich das Gehirn.* Es ist aber eine bekannte Thatsache, dass Circulationsveränderungen gerade im Gehirn unter Umständen von grosser Bedeutung sind, namentlich wenn sie, wie hier, plötzlich eintreten. Dass dabei die in kurzen Intervallen wiederholte Reizung und daher entstehende nicht unbeträchtliche Schwankung (Ab- und Zunahme) im Tonus der Gefässe die daraus etwa entstehenden Gefahren noch vergrössert, leuchtet ein. Ist es schon an sich Jedem aus eigner Erfahrung gegenwärtig, dass länger dauerndes Kitzeln einer besonders empfindlichen Hautstelle keinen gleichgültigen Eingriff auf das Centralnervensystem ausübt, so dürfte die Thatsache, dass man zur Zeit der Inquisition Leute zu Tod gekitzelt hat, unseren Betrachtungen noch mehr Gewicht verleihen. Der Grund, weshalb gerade das Gehirn durch Druckschwankungen so besonders gefährdet ist, liegt einerseits in der grosen Zartheit und Verletzlichkeit dieses edelsten aller Organe, zweitens aber in dem Umstande, dass das Gehirn, in der völlig abgeschlossenen starren Schädelkapsel gelegen, nicht wie andere Organe einem vermehrten Gefässdruck ausweichen kann, sondern durch denselben offenbar eine Compression seiner Elemente erfahren müsste, während umgekehrt bei negativen Schwankungen im Gefässsystem eine plötzliche nicht minder gefährliche Druckentlastung eintreten würde. Die Grösse der hieraus zu fürchtenden Gefahr kann man am besten daraus ermessen, dass die Natur bei der Organisation des Gehirns gerade für diesen Fall nicht durch *eine*, sondern durch eine ganze Reihe von Schutz- und Sicherheitsmaassregeln Vorsorge getroffen hat. Zunächst ist durch die grosse Geräumigkeit des Venensystems innerhalb der Schädelhöhle der Abfluss des Blutes ungemein erleichtert worden, wodurch bei zunehmendem Blutdruck ein schnellerer Ausgleich ermöglicht wird, während umgekehrt bei abnehmendem Druck ein Rückstauen des Venenblutes zur Ausfüllung des Fehlenden leicht zu Stande kommen kann, weil den Venen innerhalb des Gehirns die sonst in ihnen vorhandenen Klappen fehlen. Einen weiteren Schutz gewährt die von Hyrtl besonders beschriebene Gefässverbindung, in Folge deren die Venen des Gehirns mit denen des Rückenmarks in einem alternirenden Füllungsverhältniss stehen. Am wichtigsten aber ist das zuerst von Magendie in seiner Bedeutung gewürdigte eigenthümliche Verhalten des sog. liquor cerebrospinalis. Diese Flüssigkeit, zwischen den beiden weichen Häuten (Arachnoidea und Pia mater), welche Gehirn und Rückenmark umhüllen, eingeschlossen, hat eben den Zweck, bald durch Zurückweichen in den Arachnoidalsack des Rückenmarks bei gesteigertem Gefässdruck im Gehirn, bald durch Zuströmen in die Schädelhöhle bei vermindertem Druck, die drohenden Schwankungen auszugleichen und dadurch einen wie Magendie sich ausdrückt für die Aufrechterhaltung der Gehirn- und Rückenmarksfunctionen nothwendigen mittleren Compressionszustand zu sichern (un certain degré de compression indispensable à l'accomplissement régulier des fonctions des centres nerveux).

Es fragt sich nun, ob die eben genannten Mittel ausreichend sind, um die Druckschwankungen, denen das Gehirn durch die beim Kitzel auftretende Veränderung an den Gefässen ausgesetzt ist, zu compensiren.

Um diese Frage zu entscheiden, müssen wir noch genauer untersuchen, wie sich der auf dem Gehirn lastende Druck während der eben beschriebenen Veränderungen am Circulationsapparat verhält.

Wir haben es in Folge des Kitzels mit einer Reizung des Sympathicus zu thun; dieselbe führt, wenn sie einen gewissen Grad erreicht, eine entschiedene Verengerung der Gefässe herbei; in den geringeren Graden der Sympathicusreizung aber, wie wir sie bei dem gewöhnlichen leisen Kitzel annehmen müssen, wird als entschieden wesentlicheres Symptom neben einer leichten Verengerung der Gefässe, eine vermehrte Spannung in der Muskulatur der Gefässwand hervortreten. Diese plötzliche Vermehrung des sog. Gefäss-Tonus muss aber, selbst wenn sie ohne Verengerung der Gefässe auftreten könnte, an sich eine bedeutende Einwirkung auf den Compressionszustand des Gehirns entfalten; denn der Druck, welchen das in den Gefässen fliessende Blut auf das Gehirn ausübt, ist durchaus nicht gleich der Spannung, welche das Blut innerhalb des Gefässrohres besitzt. Es wird vielmehr durch die tonisch gespannte Gefässwand ein bedeutender Theil des Blutdrucks von der Gehirnmasse abgehalten, gewissermaassen parirt. Je stärker der Tonus der Gefässwand wird, um so grösser ist die Druckentlastung, welche die Gehirnmasse erfährt. — Jene oben genannten mechanischen Compensationsmittel, welche alle nur auf eine Vermehrung resp. Verringerung der Blutfülle berechnet sind, würden allein nicht im Stande sein, die beim Kitzel in Folge des gesteigerten Gefässtonus herbeigeführten Druckschwankungen auszugleichen.

Gegen die von dieser Seite her drohenden Gefahren ist aber ein anderer besonderer Schutzapparat in Thätigkeit gesetzt, dessen Wirkung in jeder Beziehung der Leistung jener oben beschriebenen Mechanismen gleichkommt und mit ihnen in wohlberechtigte Concurrenz tritt; es ist dies die in verschiedener Richtung hin thätige, modificirbare Kraft der Respiration. Es ist ja anderweither bekannt, welch gewaltigen Einfluss die Athmung auf den Blutkreislauf ausübt und wenn auch bei ruhiger, oberflächlicher Respiration durch die dabei mitspielenden verwickelten Verhältnisse die verschiedenen Wirkungen der Aus- und Einathmung auf die Arterien und Venen sich ziemlich ausgleichen und aufheben, so finden doch bei forçirten Athmungsbewegungen und *namentlich, wenn die freie Respiration irgend behindert ist*, sehr wesentliche Veränderungen der Kreislaufsverhältnisse statt. — Bei der Einathmung wird durch das Herabtreten des Zwerchfelles und das Heben der Rippen der Brustraum erweitert und der Inhalt desselben, d. h. also Lungen, Herz und die zu und von ihm führenden grossen Gefässe unter einen geringeren Druck gesetzt. Zur Ausgleichung desselben strömt erstlich die äussere atmosphärische Luft in die Lungen und dehnt dieselben aus; zweitens wird aber auch zugleich das Blut von den grossen Gefässen nach dem Herzen angesogen und dadurch einerseits zwar die Fortbewegung des Blutes in den Arterien etwas gehemmt, dagegen aber andererseits in viel höherem Maasse in den Venen (deren viel dünnere Wandungen der negativen Druckschwankung bedeutend zugänglicher sind) die normale Blutbewegung nach dem Herzen zu wesentlich begünstigt und beschleunigt. Bei der Ausathmung aber greifen die umgekehrten Bedingungen Platz; durch Hinabsinken der Rippen und Hinaufdrängen des Zwerchfells wird der Brustraum verkleinert und ein beträchtlicher Druck auf seinen Jnhalt ausgeübt. Deshalb entweicht die Luft aus den Lungen durch die Luftröhre; gleichzeitig aber wird in Folge derselben Ursache der Abfluss des Venenblutes, in der Richtung zum Herzen, wesentlich erschwert, ein Kreislaufhinderniss, das durch die geringe Begünstigung, welche die Circulation in den Arterien vermittelst dieses Zuschusses an Druckkraft erfährt, doch nicht ganz ausgeglichen wird. Namentlich bei sehr heftigen und noch dazu durch vollständigen oder auch nur theilweisen Verschluss der Stimmritze (wie er z. B. zur Tonerzeugung beim Lachen nothwendig ist) bedeutend gesteigertem Exspirationsdruck wird der Rückfluss des Blutes nach dem rechten Herzen sehr bedeutend gehemmt. Die erste Folge davon ist ein Zurückstauen des Blutes in die dem Herzen am nächsten gelegenen Venen, und so sieht man namentlich auch an den grossen Halsblutleitern (Venae jugulares) eine beträchtliche Ausdehnung und pralle Spannung. Es ist klar, dass diese Ueberfüllung mit Venenblut sich auch nach dem Gehirn weiter fortsetzen muss, da ja auch von hier aus der Abfluss gehindert ist.

Dadurch wird aber natürlich ein bedeutender Druck auf das Gehirn ausgeübt, indem das Blut weiterhin auch aus den Gehirnarterien schwieriger abfliessen kann und gezwungen ist, dieselben auszudehnen. Durch die directen Versuche von Donders zeigte sich bei Steigerung des Exspirationsdruckes, dass ein Gehirngefäss von 0,04 Mill. Durchmesser auf 0,14 und eines von 0,07 auf 0,16 erweitert wurde.

Erinnern wir uns nun, dass wir als Wirkung des Kitzels eine reflectorische Sympathicusreizung mit folgender plötzlicher Verminderung des auf das Gehirn wirkenden Blutdruckes annehmen mussten, so werden wir nicht anstehen, in den forcirten Ausathmungsbewegungen, die ja, wie wir eben sahen, den Gehirndruck steigern, ein souveraines Mittel zu erkennen, um den in Folge des Kitzels drohenden Gefahren entgegenzuwirken. Und in der That sehen wir, dass die Natur mit selbstwirkendem Mechanismus sich wirklich dieses Mittels bedient; denn was ist das Lachen anders, als eine rhythmisch unterbrochene äusserstforcirte, durch die damit verbundene Tonbildung erschwerte Ausathmung? Wenn wir einen heftig Lachenden ansehen, so fällt uns ja sofort das blau-geröthete Gesicht und das starke Hervorquellen der Halsvenen auf, welche die vermehrte Blutfülle in den venösen Gefässen kennzeichnet, die sich auch nach dem Gehirn fortpflanzen muss. Wir dürfen somit, das Resultat unserer Untersuchung zusammenfassend, *das Lachen als eine zweckmässige Reflexbewegung ansehen, welche die Aufgabe erfüllt, die durch den Kitzel verursachten negativen Druckschwankungen im Gehirn durch eine entsprechende Drucksteigerung zu compensiren.*

Als nicht unwesentliche Stütze für diesen Satz dient das interessante Zusammenzutreffen der Intermission sowohl des Reizes wie auch der Exspirationsbewegungen. Sehen wir als wesentliches Charakteristicum des Kitzels die fortwährende Unterbrechung und Schwankung des Hautreizes an, so erkennen wir ganz dem entsprechend im Lachen eine rhythmisch intermittirende Ausathmungsbewegung, und wenn es sich auch nicht feststellen lässt, dass jedem einzelnen Hautreiz ein einzelner Exspirationsstoss entspricht, so ist die allgemaine Uebereinstimmung doch auffällig genug, namentlich wenn wir dieselbe mit den beim Schreien aus Schmerz stattfindenden Verhältnissen zusammenstellen. — Der körperliche Schmerz ensteht durch eine stärkere und in ihren Wirkungen anhaltendere Reizung sensibler Nerven und ruft nach Nothnagels und Pflügers Beobachtungen einen anhaltenden Gefässkrampf, eine starke ununterbrochene Verengerung der Gefässe hervor, die aber (wie auch Naumanns weitere Versuche beweisen) nach kürzerer oder längerer Zeit in eine Gefässlähmung und dem entsprechende mehr oder minder bedeutende Erweiterung der Gefässe übergeht. Dem ersten Stadium der *ununterbrochenen* Gefässverengerung entspricht nun das Schreien als eine *ununterbrochene* Exspirationsbewegung mit demselben Zwecke wie das Lachen. Dem zweiten Stadium der Gefässlähmung, welches also gerade die entgegen gesetzten Veränderungen des Gehirndruckes d. h. eine Steigerung desselben zur Folge haben muss, entspricht das zweite Stadium des Weinens, das sog.Schluchzen, welches als forcirte Inspirationsbewegung nach dem oben Gesagten den Druck im Gehirn herabsetzt.

b. DAS KOMISCHE

Es ist uns also gelungen für das Lachen, insofern es durch den Kitzel verursacht wird, eine physiologisch-anatomische Begründung nachzuweisen. Nach dem oben Gesagten haben wir damit zum Mindesten (wenn eine directe Uebertragung nicht gestattet ist) einen deutlichen Fingerzeig erhalten, nach welchem Ziele wir bei Untersuchung des Lachens, sofern es in Folge des Komischen entsteht, zu streben haben. Es lässt sich von vornherein vermuthen, dass bei Einwirkung des Komischen dieselben physiologisch-anatomischen Veränderungen eintreten werden, wie nach dem Kitzel, das heisst eine intermittirende Contraction der Gehirngefässe als Folge einer intermittirenden Sympathicusreizung. Das Experiment, das wir zur Bestätigung der geschehenen Sympathicusreizung beim Kitzel anstellten, ist beim Komischen aus leicht begreiflichen Gründen schwer auszuführen. Wenn man Jemandem etwas Komisches erzählt, hält derselbe doch in der Regel seine Augen nicht auf einen Punkt fixirt und wir können die Pupillen nicht genau beobachten; andererseits hört die komische Wirkung meist auf, wenn der Betreffende sich beobachtet fühlt. Dennoch ist es mir nach vielen vergeblichen Versuchen in einigen Fällen gelungen, eine genaue Beobachtung zu machen und konnte ich in der That als Wirkung des Komischen eine deutliche Erweiterung der Pupillen constatiren.

Es muss aber möglich sein, noch auf einem andern Wege dasselbe Resultat, wenn es ein wirklich richtiges ist, festzustellen, nämlich durch eine unbefangene psychologische Betrachtung des Komischen, durch eine Zerlegung desselben in seine etwaigen einzelnen Factoren und Untersuchung, welche Wirkung diese auf den Organismus ausüben. Für die Art und Weise, wie solche Untersuchungen ausgeführt werden müssen, kann die treffliche Arbeit Dommrichs als Muster angesehen werden. In Bezug auf das Lachen ist D. freilich zu keinem Resultat gekommen. Er sagt: „Wie das spielende Vergleichen contrastirender Vorstellungen nun gerade diese Gruppe motorischer Nerven auslöst, ist schliesslich ebensowenig zu begreifen, als warum dies gekitzelte sensible Hautnerven thun." Auch Harless hat sich, wie schon oben erwähnt, mit dem Lachen aus psychischer Ursache beschäftigt. Er lässt dasselbe einfach aus dem Lustgefühl hervorgehen — was, wie wir später sehen werden, durchaus nicht richtig ist — und erklärt den organischen Zusammenhang in folgender Weise: Er sagt: Das Lustgefühl verlangt oder erleichtert und unterstützt jede organisch geforderte Bewegung (?); die von der Natur geforderte active Bewegung ist aber die Einathmung. (?) Es wird also beim Lustgefühl die Inspiration mit der grössten Leichtigkeit vollzogen, aber in der Exspiration, welche eine ruhige Erschlaffung der Thoraxmuskeln und des Zwerchfelles erheischt, setzt sich die durch die Inspiration eingeleitete Contraction noch fort und geräth daher in Conflikt mit der jetzt organisch geforderten Erschlaffung, was sich in auf und abgehenden Excursionen am Zwerchfell um so leichter abspiegeln wird, als dieser Muskel bei Weitem die geringsten Massen und den grössten Spielraum, und an den Bauchmuskeln keine energischen Antagonisten hat.

Es ist nicht schwer einzusehen, dass diese Erklärung in keiner Weise zutrifft. Abgesehen von der mindestens nicht bewiesenen Prämisse, dass das Lustgefühl jede organisch verlangte Bewegung erleichtert, und der alleinigen Anwendung dieses Satzes gerade nur auf die Inspiration, scheint es mir unzweifelhaft, dass wir beim Lachen gerade keine erleichterte Inspiration, sondern eher eine erschwerte, beobachten und dass wir dasselbe vielmehr als eine gesteigerte, forçirte Ausathmungsbewegung (durch Contraction der Bauchmuskeln etc. verursacht) ansehen müssen, die beim starken Lachen sogar bis zum äussersten Punkt geht, bis man nicht weiter ausathmen kann. Die Inspiration ist wegen des bedeutenden zeitlichen Ueberwiegens der Exspiration (gerade im Gegensatz zu Harless' Behauptung) eine sehr hastige, überstürzte und gerade dieses Moment prägt dem Gesicht des Lachenden den ihm eigenthümlichen *mimischen Ausdruck* auf.

Bei der Hast, mit welcher wegen sofort wieder drohender Exspiration die Einathmung geschehen muss, werden sämmtliche inspiratorische Hilfsmuskeln, auch die des Gesichtes, in Thätigkeit gesetzt, ähnlich wie bei Erstickungszufällen. („Vor Lachen ersticken"). Nicht allein der Mund steht offen und wird durch die Contraction der MM. zygomatici, levatores labii superi-

or. propr. etc. möglichst vergrössert, sondern auch die Nasenflügel sind durch Betheiligung der MM. levatores alae nasi in ihre inspiratorische Stellung versetzt. Es ist diese letztere Thatsache von um so grösserer Bedeutung, als, wie Piderit sehr richtig nachgewiesen hat, der Hauptunterschied zwischen dem lachenden und weinenden Gesicht gerade darin besteht, dass beim lachenden die Nasenflügel in die inspiratorische Stellung versetzt, d. h. gehoben, beim weinenden dagegen durch den depressor alae nasi herabgezogen sind.

Wir kehren nach diesen Zwischenbemerkungen zu unserem Hauptthema zurück und wenden uns, zunächst ganz ohne Rücksicht auf das bisher Behandelte, zu einer psychologischen Entwicklung des Komischen.

B. PSYCHOLOGIE DES KOMISCHEN

Komisch oder lächerlich nennen wir diejenigen Dinge, Situationen oder Aeusserungen, welche in uns den Affect des Lachens erregen. Wenn wir zunächst ein allgemeines Urtheil fällen sollen, so werden wir wol nicht anstehen, jenen Affect als einen angenehmen zu bezeichnen, und wir könnten uns daher leicht zu dem weiteren Schlusse versucht fühlen, dass das Komische selbst sich als etwas *durchaus* Angenehmes, unserem Gefühl *durchweg* Zusagendes charakterisiren liesse. Dieser Schluss wäre aber ein falscher; denn wenn wir an Beispielen dem Inhalt des Komischen nachforschen, so springt uns gerade umgekehrt bei Allem was unser Lachen erregt, zunächst eine Vorstellung ins Auge, welche etwas *Unangenehmes*, unserem Gefühl *nicht Zusagendes* enthält. Schon Aristoteles hat diese Thatsache richtig erkannt und bezeichnet in der Definition des Komischen, die er in seinem Buche peri poiêikês mit kurzen Zügen entwirft, dasselbe als etwas Fehlerhaftes, Hässliches, Ungereimtes (hamartêma ti kai aischos) mit der Einschränkung, dass es nicht schmerzhaft und schädlich sein dürfe. (anôdunon ou phthartikon.) Er führt als Beispiel ein verzogenes und hässliches Gesicht an, das uns dann lächerlich erscheine, wenn wir darin nicht gleichzeitig den Ausdruck des Schmerzes bemerken.

In den meisten späteren Definitionen, deren es eine sehr grosse Zahl giebt, finden wir diesen Factor, den Aristoteles mit seinem hamartêma ti kai aischos bezeichnet und in welchem er das Hässliche in seiner weitesten Bedeutung umfasst, mehr oder weniger erschöpfend wiedergegeben, indem von dem Einen mehr das sinnlich Hässliche, von dem Andern das sittlich Hässliche, von einem Dritten das für den Verstand Ungereimte als eigentlicher Inhalt des Lächerlichen besonders betont wird.

So hebt z. B. Kant hervor, dass in Allem, was ein lebhaft erschütterndes Lachen erregen solle, etwas Widersinniges sein müsse, woran also der Verstand an sich kein Wohlgefallen finden könne; alsdann aber fügt er noch einen andern Factor hinzu, den er für den eigentlich wesentlichen hält, indem er weiter mit gesperrter Schrift fortfährt: „Das Lachen ist ein Affect der plötzlichen Verwandlung einer gespannten Erwartung in Nichts".

Bei alledem drängt sich uns nun aber die Frage auf, wie es denn zugeht, dass lauter unangenehme Eindrücke, wie das Hässliche, Widersinnige, eine getäuschte Erwartung u. dgl. doch schliesslich einen angenehmen, heiteren Affect hervorrufen, als welcher uns der Affect des Lachens in der That doch erscheint.

Aristoteles hat diese Frage ganz übergangen, Kant dagegen beschäftigt sich lebhaft mit ihr. Er gesteht zu, dass diese Verwandlung der gespannten Erwartung in Nichts für den Verstand durchaus an sich nicht erfreulich sei; da sie nun aber doch indirect auf einen Augenblick sehr lebhaft erfreue, so müsse die Ursache in dem Einflusse der Vorstellung auf den Körper und dessen Wechselwirkung auf das Gemüth bestehen. Er kommt schliesslich nach ausführlicher Excursion hierüber zu dem Resultate, dass die angenehme Wirkung des Lächerlichen auf der für die Gesundheit heilsamen Motion und verdauungsbefördernden Zwerchfellbewegung beim Lachen beruhe; da „das Lachen immer Schwingung der Muskeln ist, die zur Verdauung gehören, welche diese weit besser befördert, als die Weisheit des Arztes thun würde." — Kant spricht hier, wie ersichtlich, nur von dem körperlichen Genuss, den das *Lachen* bereitet und nicht von dem geistig Angenehmen, was im Lächerlichen selbst liegt, während doch offenbar das Komische selbst dann einen angenehmen Kitzel in uns verursacht, wenn das „lebhaft erschütternde Lachen" nicht zum Ausbruche kommt. Es muss also im Lächerlichen selbst oder in seiner directen Einwirkung auf unser Gemüth neben dem mehr ins Auge fallenden unangenehmen Inhalt noch ein Factor wirksam sein, aus dem sich die angenehme Wirkung des Lächerlichen erklärt. In der That ist auch von anderen Autoren vielfach der Versuch gemacht, diesen Factor neben dem erstgenannten aufzufinden, und zum Belege dafür, in welcher Weise dies geschehen und wie weit es gelungen ist, lasse ich noch einige Definitionen des Komischen hier in aller Kürze folgen, die mir unter den mir bekannt gewordenen, als die bedeutendsten erschienen sind.

Ich erwähne zuerst die Theorie des Lächerlichen von Schopenhauer. Auch er hebt hervor, dass das Lächerliche eine unserem Gefühl unangenehme Wahrnehmung enthält, nämlich die von der Incongruenz zwischen einem Begriff und dem durch denselben gedachten Gegenstande.

Dass diese wahrgenommene Incongruenz uns aber Freude mache, erklärt Schopenhauer in folgender Weise: „Bei jenem plötzlich hervortretenden Widerstreit zwischen dem Angeschauten und Gedachten behält das Angeschaute allemal unzweifelhaft Recht". — „Dieser Sieg der anschauenden Erkenntnisse erfreut uns, denn das Anschauen ist die ursprüngliche, von der thierischen Natur unzertrennliche Erkenntnissweise, in der sich Alles, was dem Willen unmittelbares Genügen giebt, darstellt: Es ist das Medium der Gegenwart, des Genusses und der Fröhlichkeit: auch ist dasselbe mit keiner Anstrengung verknüpft. — Vom Denken gilt das Gegentheil; es ist die zweite Potenz des Erkennens, deren Ausübung stets einige oft bedeutende Anstrengung erfordert und deren Begriffe es sind, welche sich oft der Befriedigung unserer unmittelbaren Wünsche entgegen-stellen, indem sie als Medium der Vergangenheit, der Zukunft und des Ernstes, den Vehikel unserer Befürchtungen, unserer Reue und aller unserer Schmerzen abgeben. Diese strenge, unermüdliche, überlästige Hofmeisterin Vernunft jetzt einmal der Unzulänglichkeit überführt zu sehen, muss uns daher ergötzlich sein." So viel Richtiges die Definition von Schopenhauer auch enthält, so kann ich doch seiner Erklärung von der angenehmen Wirkung des Lächerlichen nicht beitreten. Vor allen Dingen ist jene Bestimmung zu weit umfassend, da nach ihr *jeder* Irrthum lächerlich sein müsste, in welchem die Anschauung uns belehrt, dass wir etwas Fehlerhaftes gedacht haben; während doch, wie wir später sehen werden, nur unter gewissen Bedingungen (nämlich bei Hinzukommen eines angenehmen Factors, der in dem lächerlichen Dinge selbst liegt) ein solcher Irrthum lächerlich wird.

Ganz im Gegensatz zu Schopenhauer stellt Lazarus, der an verschiedenen Stellen seiner geistvollen Arbeit über den Humor sich über das Komische ausspricht, den Sieg des in uns vorhandenen Positiven, Vernünftigen, Idealen über das gegebene Negative als den angenehm wirkenden Factor im Komischen dar, indem er Letzteres überhaupt dadurch entstehen lässt, dass wir das Mangelhafte sehen, wo wir das Vollkommene erwarten; während der von Schopenhauer dem Lächerlichen vindicirte Sieg der gegebenen negativen Vorstellung über das in uns vorhandene Positive nach Lazarus den Affect des Weinens hervorruft. Weiter fasst L. das Komische als eine der drei möglichen Seiten des Contrastes auf, indem er ihm seine Stellung zwischen dem tragischen und humoristischen Contrast anweist. Der Contrast aber ist nach ihm ein solcher Gegensatz, bei welchem die Glieder desselben zugleich einen Punkt oder eine Seite der Vereinigung haben, indem die dabei wirkenden Vorstellungen einmal wegen ihrer Gleichheit zu einem einzigen Denkact verschmelzen, während sie nach anderer Richtung hin wieder ganz und gar geschieden sind. Die Möglichkeit und die Unmöglichkeit der Verschmelzung tritt zu gleicher Zeit ein, daraus entsteht ein Widerstreit nicht blos in den Vorstellungen, sondern auch im Zustande der Seele, und diesen nennen wir Affect — und zwar entsteht der Affect des Lachens durch den Widerstreit zwischen Schein und Sein. — Wir werden auf diese z. Th. sehr treffende Definition später bei Gelegenheit des Witzes noch einmal zurückkommen.

Gingen die bisher mitgetheilten Definitionen alle mehr oder weniger entschieden vom psychologischen Standpunkte aus, so muss ich jetzt eine andere Auffassungsweise der uns beschäftigenden Frage erwähnen, nämlich die metaphysisch-ästhetische, als deren eigentlicher Begründer Jean Paul anzusehen ist. Auch von diesem Standpunkte aus lässt sich das Vorhandensein zweier Factoren im Komischen nachweisen, von denen der eine etwas Unangenehmes, der andere etwas Angenehmes enthält. Jean Paul, der übrigens selbst zum Theil die psychologische Betrachtungsweise noch festhält, bringt in seiner Vorschule zur Aesthetik viele geistreiche Bemerkungen und Aperçus über unseren Gegenstand vor, doch ermangelt seine Darstellung der wissenschaftlichen Schärfe und Uebersichtlichkeit. Er findet u. A. das Wesen des Komischen in einem sinnlich angeschauten unendlichen Unverstand, wobei wir demselben unsere Einsicht und Ansicht leihen; dadurch aber, dass J. P. das Komische zuerst als das umgekehrt Erhabene bezeichnet, legte er den Grund zu jener metaphysisch- ästhetischen Auffassungsweise, die durch Schelling, Hegel, Ruge, Weisse, u. A. weiter gefördert wurde. Am Eingehendsten behandelt von diesem Standpunkt aus Fr. Th. Vischer (Tübingen) unser Thema und liefert eine Fülle wohlgeordneten, schätzbaren Materials. Nach ihm bildet das Erhabene im Komischen den einen Factor, dem ein zweiter Factor entgegensteht, der das Erhabene zu Fall bringt. Aus dem kurzen Abschnitte über den „Subjectiven Eindruck des Erhabenen und Komischen" entnehmen wir aber, dass das Erhabene als Unlust auf die Seele des Anschauenden eindringt, während durch die plötzliche Aufhebung des Erhabenen die Unlust in Lust verwandelt wird. Beide Factoren, welche Vischer sehr ausführlich einzeln bespricht, bilden durch ihren plötzlichen Zusammenstoss das Komische, das je nach der Form des Erhabenen, das sich in ihm bricht, verschiedene Arten zeigt.

In allen mitgetheilten Definitionen sehen wir also mehr oder weniger bestimmt jene beiden Factoren hervorgehoben, von denen der eine Unlust verursacht, während wir dem zweiten Factor, über den sich die Autoren hauptsächlich in Differenz befinden, die Erzeugung eines angenehmen Gefühls zuschreiben müssen. Diese beiden Factoren hat man aber bisher nicht als gleichwerthige aufgefasst; denn während man das unangenehme Gefühl ans der Einwirkung erklärt, die der im Komischen vorhandene Inhalt auf unsere Seele ausübt, suchte man das angenehme Gefühl aus einem von jenem Inhalt zum grössten Theil unabhängigen psychischen Processe herzuleiten, so Schopenhauer aus dem Siege des Anschauens über das Denken, Lazarus aus dem Siege des in uns vorhandenen Positiven über das gegebene Negative, Vischer endlich aus der Aufhebung des unangenehmen Gefühls. — Nur eine, zuerst von Hobbes ausgesprochene und seitdem vielfach verwerthete (und wohl indirect auch in der Definition von Lazarus enthaltene) Erklärung, welche den Grund der Lust beim Lächerlichen in dem Gefühl unserer Ueberlegenheit über die Schwachheit des Belachten sucht, macht davon eine Ausnahme, indem sie die Lust aus gleicher Quelle herleitet, wie die Unlust. Denn während die Schwachheit, Dummheit etc. des Andern einerseits unser Gefühl beleidigt, ruft sie andererseits dadurch, dass sie uns unsere Ueberlegenheit zum Bewusstsein bringt, ein angenehmes Gefühl hervor. Doch gilt diese Erklärung, so richtig nach meiner Anschauung der Weg ist, den sie einschlägt, nur für eine ganz beschränkte Form des Lächerlichen. Eine allgemeine Ausdehnung auf das ganze Gebiet des Komischen hat nur im negativen Sinne Geltung, insofern eine Verletzung und Erniedrigung unseres Selbstgefühls selbst durch die Harmonie mit den höchsten Ideen nur sehr selten aufgewogen wird und dieselbe daher für den komischen Contrast in der Regel untauglich ist. Es giebt ausser der hier erwähnten noch viele andere auf demselben Grunde entspringende Quellen der Lust beim Komischen und es soll in der folgenden Untersuchung unsere Aufgabe sein, dieselben aufzufinden. Wir wollen nachweisen, dass die Quellen, aus denen das angenehme Gefühl beim Komischen entspringt, ebenso zahlreich sind, wie die Quellen des unangenehmen Gefühls, und dass beide Gefühle aus der Einwirkung der im Komischen enthaltenen Vorstellungen auf unsere Seele hervorgehen.

Ehe wir aber zur Lösung dieser Aufgabe schreiten, ist es nöthig, dass wir uns über die wichtigsten dem Ganzen zu Grunde liegenden psychologischen Fragen verständigen und uns namentlich darüber einigen, was wir unter Gefühlen verstehen wollen, und welche Quellen wir für dieselben annehmen. Es ist eine genaue Verständigung hierüber um so unerlässlicher, als mit dem Worte *Gefühl* die heterogensten Begriffe bezeichnet werden und namentlich die in der gewöhnlichen Umgangssprache herrschende Gleichbedeutung der Worte *Empfindung* und *Gefühl* zum Theil auch in die Wissenschaft eingedrungen ist, und hier die grösste Verwirrung angerichtet hat.

Nahlowsky, der sich um die Klärung dieser Begriffe das grösste Verdienst erworben hat, giebt eine ganze Sammlung von Citaten, welche beweisen, dass selbst Psychologen von Bedeutung die scharfe Trennung zwischen Gefühl und Empfindung ausser Acht lassend in unlösbare Widersprüche und auf Abwege gerathen sind.

Wir nennen mit Nahlowsky alle jene Zustände, die auf der blossen Perception organischer Reize beruhen (d. h. alle solche, die entweder durch sensorielle oder sensitive Nerven vermittelt sind) **Empfindungen;** alle jene Zustände dagegen, die keineswegs *unmittelbares* Product von Nervenreizen, sondern vielmehr *Resultat gleichzeitig im Bewusstsein zusammentreffender Vorstellungen* sind, **Gefühle** und zwar beruhen dieselben *auf dem unmittelbaren Innewerden der Hemmung oder Förderung unter den eben im Bewusstsein vorhandenen Vorstellungen.* Die Hemmung erzeugt das Gefühl der Unlust, die Förderung das Gefühl der Lust und zwischen diesen beiden Polen bewegen sich alle Gefühle, die den Menschen jemals beherrschen können.

Die Empfindungen theilen sich in die Aussen- oder Sinnesempfindungen und die Innen- oder Körperempfindungen. Unter letzteren sind namentlich die sogenannten Gemeingefühle oder richtiger Gemein_empfindungen_ für uns wichtig, weil sie, wie schon der (auch in der Wissenschaft) geläufige Name sagt, fälschlich zu den Gefühlen gerechnet werden. Es gehören hierher z. B. die Empfindungen körperlicher Frische oder Mattigkeit, des gehobenen leiblichen Lebens oder der Abgeschlagenheit, der physischen Gesundheit oder Krankheit und dgl.

Während die Empfindungen ursprüngliche Zustände sind, sind die Gefühle abgeleitete; während erstere die Elemente darstellen, aus denen die Vorstellungen sich bilden, gehen die Gefühle erst aus den Vorstellungen hervor. Dadurch stehen aber die Gefühle mit den Empfindungen in indirecter Verbindung und gerade diese Abhängigkeit der einen von den andern hat zu der verwirrenden Vermischung beider Zustände geführt. Die Empfindungen erzeugen Gefühle stets durch Vermittlung von Vorstellungen, die uns nur mehr oder minder klar zum Bewusstsein kommen. Meistens werden die Vorstellungen in Folge einer zwischen bestimmten Empfindungen und bestimmten Vorstellungen früher zufällig eingegangenen Verbindung geweckt. Wenn wir beim Anblick eines Kirchhofs in traurige Stimmung gerathen, so geschieht das in Folge der damit verknüpften Vorstellung vom Tode überhaupt oder vielleicht vom Tode einer geliebten Person etc. Wenn uns ein heller Sommertag heiter stimmt, so wirken dabei, wenn auch zum Theil unbewusst, Vorstellungen mit, die sich auf genossene Sommerfreuden im Freien beziehen, andrerseits aber spielt dabei auch das grössere körperliche Wohlsein eine Rolle. Dasselbe führt nämlich durch leichteres von Stattengehen der Ernährungsvorgänge auch im Gehirn zu einer schnelleren Verknüpfung der Vorstellungen überhaupt, welche wie wir gleich sehen werden eine Quelle der angenehmen Gefühle ist. Die körperliche Schmerzempfindung, namentlich ein dauernder Schmerz oder ein körperliches Unbehagen bewirkt ein Stocken des Vor-stellungsverlaufes welches unangenehme Gefühle erregt. Immer also bilden die Vorstellungen das Mittelglied zwischen Empfindung und Gefühl. Die weiterfolgenden Auseinandersetzungen werden diesen Satz noch näher beweisen helfen.

Wir haben uns hier zunächst ganz im Allgemeinen mit den Gefühlen der Lust und Unlust zu beschäftigen, und wollen vor Allem ihre Quellen noch näher erforschen. Wir führten schon oben die Definition von Nahlowsky (und Waitz) an, welche das angenehme Gefühl aus einer Förderung, das unangenehme aus einer Hemmung der gerade im Bewusstsein vorhandenen Vorstellungen erklärt. Es soll unsere Aufgabe sein, die Begriffe der Förderung und Hemmung noch näher zu specialisiren, indem wir dabei genetisch verfahren, d. h. die Gefühle beim Eintritt einer (sei es durch Wahrnehmung uns neu zugeführten, sei es durch Reproduction über die Schwelle des Bewusstseins gebrachten) Vorstellung zu erforschen suchen.

Die Art und Weise, wie die neue Vorstellung sich zu dem schon vorhandenen Vorstellungscomplex, der unser geistiges Ich bildet, verhält, wird dabei maassgebend sein. — Die leichtere oder schwerere Einverleibung in denselben (Assimilation) bestimmt die Qualität des dabei entstehenden Gefühls. Es lässt sich in Bezug hierauf folgender Satz aufstellen, der seinen ausgiebigen Beweis in der ganzen folgenden Arbeit finden wird:

Ein angenehmes Gefühl entsteht dadurch, dass eine neue Vorstellung schnell und ungestört mit einer andern eben im Bewusstsein vorhandenen oder einer aus dem gesammten Vorstellungscomplex durch jene geweckten Vorstellung in Verbindung tritt, und auf diese Weise leicht assimilirt wird; während ein unangenehmes Gefühl dadurch entsteht, dass die Assimilation durch irgend welche Umstände eine Verzögerung erleidet.

Um diesen Fundamentalsatz zu beweisen, müssen wir zunächst die Gesetze, nach denen die Assimilation der Vorstellungen vor sich geht, kurz erörtern.

Diese Assimilation, von der wir zu reden haben, ist also derjenige psychische Vorgang, durch welchen eine neu auftretende Vorstellung sich mit den schon vorhandenen in bestimmte Beziehungen setzt, mit denselben die mannigfachsten Verbindungen eingeht und dadurch unser geistiges Eigenthum, ein integrirender Bestandtheil unseres geistigen Ich's wird. — Die Gesetze, nach denen diese Assimilation vor sich geht, lassen sich am leichtesten aus der Beobachtung der Reproduction der Vorstellungen herleiten, indem wir, wie eine kurze Ueberlegung zeigt, die Verbindungen, welche eine Vorstellung bei ihrer Assimilation eingegangen ist, am besten nachträglich daraus ersehen können, in welchem Zusammenhange mit anderen Vorstellungen wir sie am leichtesten reproduciren können. Es ist demnach leicht einzusehen, dass die Gesetze der sogenannten Ideenassociation ihren eigentlichen Grund in den Vorgängen der Assimilation zu suchen haben, indem Vorstellungen, die bei ihrer Aufnahme in irgend einer Weise mit einander in Verbindung standen, auch für die Folge derart verbunden bleiben, dass sie sich gegenseitig leicht „wecken". Zunächst werden zwei Wahrnehmungen, die wir einmal oder öfter in enger Verbindung neben einander oder zeitlich nach einander gemacht haben, auch in ihren zurückbleibenden Vorstellungsbildern diesen Zusammenhang behalten und es ergiebt sich daraus das Gesetz der *Coexistenz* und das der *Succession*. Die beiden, nach einem dieser Gesetze verbundenen Vorstellungen, werden sehr leicht und daher auch mit einer gewissen Befriedigung eine die andere wecken, so dass, wenn uns eine dieser Vorstellungen etwa durch die Wahrnehmung dargeboten wird, ihr schnell die andere gewissermaassen entgegenkommt und auf diese Weise, indem sie die erstere an sich zieht, deren Verbindung mit dem gesammten Vorstellungscomplex, d. h. die *Assimilation* erleichtert. Ebenso dient die *Aehnlichkeit* zweier Vorstellungen in einzelnen wesentlichen oder durch besondere Umstände auffällig gemachten Eigenschaften dazu, diese Vorstellungen in dauernder Verbindung zu erhalten und es ergiebt sich daraus einerseits als *dritte Norm der Ideenassociation die der Aehnlichkeit*, andererseits erklärt sich aus dem Gesagten die Thatsache, dass eine Vorstellung um so leichter und schneller assimilirt werden kann, je schneller sie ähnliche Vorstellungen zu wecken vermag.

Das Herausfinden der Aehnlichkeit ist natürlich von einem Urtheil abhängig. Je mehr nun aber der Geist sich ausbildet, um so mehr unterliegt die Aufnahme neuer Vorstellungen auch nach anderen Richtungen hin einer Beurtheilung, von deren Ausfall dann vornehmlich die schnellere oder verzögerte Assimilation abhängig ist. Und zwar stützt sich dieses Urtheil auf gewisse gleichsam abgeschlossene Ideenkreise, die in uns bei wachsender Geistesreife und Charakterentwicklung immer umfassender sich herausbilden, immer bestimmter als ideale Urtheilsmaximen zur Geltung kommen und immer maassgebender werden. Es sind dies die *logischen und praktischen Normen*, sowie die *ethischen, ästhetischen und religiösen Ideen*, welche drei letzteren wir auch unter der Bezeichnung der *ideellen Normen* zusammenfassen können, indem wir darunter die Ideen von Wahrheit, Gerechtigkeit, Güte, Freiheit Sittlichkeit, Schönheit u. dgl., sowie die Gott-Idee und alles darauf Bezügliche verstehen, während die logischen und praktischen Normen in den logischen Begriffen, Urtheilen und Schlüssen, sowie in den Ideen von Zweckmässigkeit, Nützlichkeit etc. ihren Ausdruck finden.

Steht eine Vorstellung oder ein Vorstellungscomplex mit den logischen und praktischen oder ideellen Normen im Widerspruch, so ist dadurch die Assimilation erschwert und es entsteht ein unangenehmes Gefühl; während die Uebereinstimmung mit jenen Normen eine leichte ungehinderte Assimilation und somit ein angenehmes Gefühl bewirkt.

Die logischen, praktischen und ideellen Normen zeigen freilich je nach der Individualität und Bildung des Einzelnen, sowie der Cultur des Volkes, dem das Individuum angehört, in ihrer Zahl und namentlich in ihrem qualitativen Inhalt und ihrer Entwickelungshöhe sehr bedeutende Verschiedenheiten und von der grösseren oder geringeren Ausbildung dieser Normen hängt es mit ab, ob ein Vorstellungscomplex, der mit denselben in Conflict tritt, uns mehr oder minder unangenehm berührt, oder wie gross im umgekehrten Fall das angenehme Gefühl ist, das aus der Uebereinstimmung einer gegebenen Vorstellung mit einer jener Normen entsteht. Im grossen Ganzen wiegen bei der Mehrzahl der Menschen die praktischen Normen bei Weitem vor und indem dieselben in ihrer niedrigsten Entwicklungsstufe nur auf die Person des Empfindenden selbst bezogen werden, concentriren sie sich im Egoismus, der deshalb bei Ungebildeten fast ausschliesslich den Maassstab für die Qualität der Gefühle abgiebt. — Nur das, was den praktischen Ideen in diesem Sinne entspricht, ist für den wenig Gebildeten eine Quelle angenehmer, nur das, was ihnen zuwiderläuft, der Ursprung unangenehmer Gefühle.

Je höher die Bildung, die wirkliche Herzensbildung, um so mehr treten die sittlichen und religiösen und weiterhin die ästhetischen Ideen, sowie gleichzeitig die logischen Normen in den Vordergrund und spielen bei der Erregung von Gefühlen eine wesentliche Rolle. Während daher der Ungebildete sich an dem Leiden Anderer weiden und ergötzen kann, in der Freude über die Verschonung seiner eigenen Person, wird der Gebildete dabei mit innerem Weh erfüllt, weil die Vorstellung von dem Leiden überhaupt mit seinen mehr ausgebildeten ethischen und ästhetischen Ideen in lebhaften Widerspruch tritt. — Während der Eine, von materiellem Egoismus befangen, geduldig in schmachvoller Unterdrückung und Knechtschaft lebt, so lange nur sein Leib und Gut nicht gefährdet ist, wird der Andere Feinfühlige von Grimm erfüllt, trotz äusserlich glänzender Lage, bei blossen Vorstellungen, die mit seiner Freiheits- oder Rechtsidee in Gegensatz treten.

In den bisher betrachteten Fällen von Aufnahme neuer Vorstellungen war gewissermaassen vorausgesetzt, dass dieselben ein momentan nicht in lebhafter Thätigkeit begriffenes Vorstellungsleben antreffen, und nach den angedeuteten Gesetzen die Vorstellungen, mit denen sie in Harmonie oder Contrast treten, erst selbst bestimmen, dieselben erst wecken. Etwas anders gestalten sich nun aber die Verhältnisse, wenn zur Zeit, wo eine neue Vorstellung in uns erzeugt wird, eine andere Vorstellung resp. ein Vorstellungskreis das Bewusstsein beherrscht, uns momentan sehr lebhaft beschäftigt. In diesem Fall wird die Assimilationsfähigkeit der neuen Vorstellung fast allein davon bestimmt, ob dieselbe mit jener momentan herrschenden Vorstellungsreihe übereinstimmt oder nicht, sich also gerade mit dieser in leichte oder schwere Association setzt. — Nach dem Satz von der Enge des Bewusstseins kann nämlich in einem bestimmten Augenblicke nur eine Vorstellung unser Denken ganz ausfüllen. Tritt uns eine neue Vorstellung entgegen, so muss sie erst die augenblicklich im Bewusstsein vorhandene verdrängen, sofern sie nicht mit ihr in *eine* Vorstellungsthätigkeit verschmelzen kann. — Dies Verdrängen aber, bei vorhandener Disharmonie zwischen den beiden Vorstellungen wird unter allen Umständen, selbst wenn die neue Vorstellung etwa mit den logischen oder ideellen Normen harmonirend uns an sich durchaus angenehm berühren würde, eine Verzögerung der Assimilation veranlassen und daher zunächst ein unangenehmes Gefühl hervorrufen, das später freilich, wenn die neue Vorstellung sich nach Ueberwindung dieser Schwierigkeiten mit dem gesammten Vorstellungscomplex in die richtigen Beziehungen gesetzt hat, unter Umständen in ein angenehmes Gefühl übergehen kann. — Im umgekehrten Fall dagegen, wenn die beiden Vorstellungen oder Vorstellungsreihen leicht mit einander in Verbindung treten, und in einen Denkact verschmelzen können, wird die Assimilation sehr wesentlich gefördert, da einer ihrer Acte, „das Wecken" der ähnlichen Vorstellung, in Wegfall kommt. Die Beziehungen zwischen beiden Vorstellungen brauchen daher in diesem Fall, um schon ein angenehmes Gefühl hervorzurufen, nur entfernte zu sein, und sich z. B. nur auf ganz äussere Aehnlichkeit wie Gleichklang der Worte u. dgl. zu beschränken, *wo sonst die mit der Association verbundene Gefühlserregung zu schwach zu sein pflegt, um überhaupt noch empfunden zu werden.*

Wir erklären hieraus z. B. den angenehmen Einfluss, den der Reim auf unser Gefühl ausübt. Es werden uns bei demselben in den beiden gereimten Versen zwei Vorstellungsreihen geboten, deren Association mit einander durch den Gleichklang der letzten Worte ganz erheblich erleichtert wird und daher ein angenehmes Gefühl hervorruft. Es ist ja eine bekannte Thatsache, dass gereimte Verse sich leichter behalten das heisst eben doch leichter assimilirt und reproducirt werden) als Prosa. Ja schon das blosse Metrum reicht hiezu aus, indem die *Aehnlichkeit* des Sylbenfalls die Assimilation erleichtert. In gleicher Weise wirkt auch die Uebereinstimmung zweier Vorstellungen nach den Gesetzen der Coexistenz oder Succession, die allein für sich selten ein starkes Gefühl zu produciren vermögen, sehr entschieden angenehm. Zwei Worte, die wir oft hinter einander gehört haben, hören wir für die Folge auch gern zusammen. Es verursacht für den nach dem Lutherschen Katechismus Unterrichteten ein gar nicht wegzuleugnendes angenehmes Gefühl, wenn er die Worte: Augen, Ohren; Vernunft und alle Sinne; Kleider und Schuhe; Essen und Trinken; Haus und Hof; Weib und Kind etc. nach alter Katechismusreminiscenz zusammenstellt. — Doppelt angenehm wirken die noch dazu durch Alliteration einander *ähnlichen* Wortverbindungen, wie: Mann und Maus, Kind und Kegel, Stock und Stein (auch Haus und Hof gehört hierher), — die ja auch das Volk mit einer gewissen Vorliebe gebraucht. Noch lebhafter als die angenehmen Gefühle bei Uebereinstimmung der neuen Vorstellungsreihe mit der schon vorhandenen resp. kurz vorher gegebenen, können unter Umständen die unangenehmen Gefühle bei mangelnder Harmonie sein. Es gehört hierher namentlich das unangenehme Gefühl getäuschter Erwartung, bei der eine neue Vorstellung eine kurz vorher angeregte Vorstellungsrichtung plötzlich unterbricht. Es ist in diesen Fällen die Assimilation der neuen Vorstellung unendlich erschwert, selbst dann, wenn diese eine angenehme ist. Denken wir, es wird uns ein Besuch angemeldet, der uns übrigens ziemlich gleichgültig lässt, oder gar unangenehm berührt, auf dessen Eintreten wir aber mit einer gewissen Spannung warten; statt der angemeldeten Person tritt jedoch ein anderer uns äusserst lieber Besuch ins Zimmer. Trotz der angenehmeren Situation wird doch im ersten Augenblick die Empfindung eine peinliche sein — um freilich bei dem Einen schneller, bei dem Andern langsamer dem ungemischten Gefühl der Freude Platz zu machen. Man sagt von Menschen, bei denen die Assimilationsfähigkeit selbst conträrer Vorstellungen eine grosse ist, sie können „sich schnell fassen".

Stellen wir jetzt noch einmal die Ursachen der angenehmen und unangenehmen Gefühle zusammen, die, wie eben erörtert, aus der geförderten, respective gehemmten Association und Assimilation hervorgehen, so erkennen wir:

A. *Als Quelle angenehmer Gefühle*

1) die Harmonie einer Vorstellung mit einer erst zu weckenden nach den Normen der Gleichzeitigkeit, Reihenfolge und Aehnlichkeit;

2) die Coincedenz mit den logischen, praktischen und ideellen Normen;

3) die Uebereinstimmung mit der momentan das Bewusstsein beherrschenden Vorstellungsreihe.

B. *Als Quelle unangenehmer Gefühle*

die Disharmonie in den genannten drei Punkten. —

Versuchen wir jetzt, die hier gewonnenen psychologischen Resultate zur Theorie des Lächerlichen zu verwerthen. Wir hatten oben für unsere Untersuchung das Ziel gesteckt, den Nachweis zu liefern, dass die im komischen Object enthaltenen Vorstellungen durch ihre Einwirkung auf unsere Seele sowohl die angenehmen wie unangenehmen Gefühle hervorrufen, welche zusammengenommen das Wesen des Komischen ausmachen. Wir haben nun gesehen, was wir unter Lust und Unlust verstehen und wie diese Gefühle zu Stande kommen und wollen jetzt zunächst die Probe zu machen suchen, ob wir wirklich im Komischen jene beiden Factoren in obigem Sinne nachweisen können. Sehen wir uns nach Beispielen um, so finden wir zunächst, dass man das Komische in eine grössere oder beschränktere Zahl von Hauptgruppen eingetheilt hat. Schopenhauer kennt nur zwei Hauptformen des Lächerlichen, nämlich: die sog. Narrheit und den Witz. Vischer dagegen unterscheidet das objectiv Komische oder die Posse, das subjectiv Komische oder den Witz, das absolut Komische oder den Humor. In Bezug auf die ersten beiden Formen stimmt er mit Schopenhauer überein. In Rücksicht auf die letzte Form bemerke ich dass nach Lazarus, dem ich mich vollkommen anschliesse, der Humor sich dem Komischen nicht unterordnet, sondern eine Stelle neben demselben einnimmt, wie wir später sehen werden.

Wir behalten demnach als die bisher gebräuchlichsten und anerkennenswerthen Formen nur die Narrheit (oder Posse) und den Witz übrig. Aus diesen beiden Formen wollen wir nun Beispiele wählen, und an diesen zunächst unsere obige Behauptung vorläufig zu erweisen suchen. Es wird dann eine Eintheilung des Komischen folgen, in der unsere Theorie des Lächerlichen durch weitere Beispiele noch näher erläutert werden soll.

In der Form des Komischen, welche Vischer das objectiv Komische nennt, erwähnt er als Beispiele niedrigsten Grades zunächst die in der Posse am häufigsten als Gegenstand des Gelächters dienenden Körpergebrechen. Das Volk lacht da über einen Höcker, einen dicken Bauch oder über tölpelhafte Ungeschicklichkeit u. dergl. Auf dieses Lachen findet die schon oben erwähnte Hobbes'sche Erklärung ihre Anwendung. Uebertragen wir dieselbe in unsere psychologische Form, so finden wir den Grund dieses Lächerlichen in Folgendem: Die durch den Anblick eines Buckligen u. dergl. entstandene Vorstellung seiner Hässlichkeit tritt mit unseren ästhetischen Ideen in Gegensatz und erzeugt ein unangenehmes Gefühl. Andererseits aber wird dadurch, dass sich *dieselbe Vorstellung* mit der auf unser eigenes Selbst bezüglichen niedrigsten Entwickelungsstufe der ethischen und praktischen Normen in Beziehung setzt und mit diesen übereinstimmt, das angenehme Gefühl der Verschonung der eigenen Person, des „Sichbesserdünkens" erregt. —

Also Unlust und Lust gehen beide aus den verschiedenen Beziehungen hervor, in welche diese *eine* Vorstellung des Hässlichen einerseits zu unseren ästhetischen Ideen, andererseits zu unseren mangelhaft entwickelten ethischen und praktischen Normen tritt. — Keineswegs aber spielt, wie wir schon sagten, das Gefühl der Ueberlegenheit bei allen Arten des Komischen dieselbe Rolle; Ja, wir können sogar über die nämlichen eben angeführten Körpergebrechen und Schönheitsfehler in ganz anderm Sinne lachen, indem das angenehme Gefühl sich aus einer von der vorigen vollständig verschiedenen Quelle herleitet. — Wenn wir als gebildete Menschen den dicken Hans Fallstuff, ganz abgesehen von seinem trefflichen Witz und Humor, bloss seiner unförmigen Erscheinung wegen belachen, so spielt gewiss das Gefühl unserer Ueberlegenheit dabei nur eine verschwindend kleine Rolle; dagegen tritt hier zur Erzeugung des angenehmen Gefühls ein ganz anderes Moment in Wirksamkeit. Ausser der Vorstellung der Hässlichkeit wird uns nämlich durch die Erscheinung unseres Helden die durch sein Reden und Thun bestätigte Vorstellung von seiner maasslosen Schlemmerei und Völlerei aufgedrungen. Diese seine Untugenden beleidigen ebenfalls unser Gefühl, andererseits treten nun diese beiden Vorstellungen, d. h. die von seiner unnatürlichen und ihm selbst höchst lästigen Körperfülle und die von seiner Völlerei in eine leichte Verbindung, indem der zwischen beiden sich herstellende ursächliche Zusammenhang unserer Gerechtigkeitsidee entspricht. Wir sehen seine Dicke als die gerechte Strafe für seine Unmässigkeit an, daraus aber erzeugt sich ein angenehmes Gefühl. —

Spielt in den eben angeführten Beispielen zur Erzeugung der Gefühle die Harmonie resp. Disharmonie mit den ideellen Normen eine Rolle, so sehen wir im folgenden Beispiele die Normen der Ideenassociation sich betheiligen. Bei den uns lächerlich erscheinenden Anachronismen, wo wir z. B. auf einem Bilde Kanonen vor Troja erblicken, entsteht das unangenehme Gefühl durch die nach der Norm der Gleichzeitigkeit uns unmöglich gemachte Vereinigung der beiden uns dargebotenen Vorstellungen (Troja und Kanonen). Das angenehme Gefühl dagegen geht wieder aus der Beziehung jener Vorstellungen zu unserem Selbstgefühl hervor. Unser Besserwissen Macht uns Freude. —

Wir haben also durch die bisherigen Beispiele vorläufig bestätigt gefunden, dass im Komischen, wenigstens in der ersten Form desselben (der sog. Narrheit oder Posse), ein Inhalt steckt, der nach dem oben ausführlich abgeleiteten Gesetz einerseits ein angenehmes, andererseits ein unangenehmes Gefühl verursacht. Dass auch in allen nur denkbaren Beispielen des Komischen dasselbe Gesetz sich bestätigt, werden wir bald sehen, wenn wir die einzelnen Formen ableiten. Wir haben jetzt weiter nachzuweisen, dass auch für den Witz das oben Gesagte Geltung hat. Ich bringe zuerst ein Beispiel von der einfachsten und ursprünglichsten Art der Witze, nämlich von den Klangwitzen, wie sie in den sogenannten Frageräthseln der Kinder gebräuchlich sind: Welche Tracht kleidet am besten? — die Eintracht. — Welche Ringe sind nicht rund? — die Häringe etc. — In Frage und Antwort sind die beiden dargebotenen Vorstellungen enthalten. Dieselben lassen sich in Bezug auf die logischen Normen nicht mit einander vereinigen: Tracht und Eintracht — Ring und Häring haben rücksichtlich ihrer Bedeutung nicht das Geringste mit einander zu schaffen, und durch den erzwungenen Zusammenhang, in den sie gebracht sind, entsteht ein unangenehmes Gefühl. Andererseits aber gehen diese Worte vermöge ihrer Klangähnlichkeit (also nach der 3. Norm der Ideenassociation) doch leicht eine Verbindung mit einander ein und erregen dadurch ein Lustgefühl. Als 2. Beispiel führe ich einen guten Witz von Kant an, der einmal in einer Damengesellschaft die scherzhafte Behauptung aufstellte, dass Frauen nicht in den Himmel kämen, denn in der Offenbarung Johannis stehe geschrieben, es sei im Himmel eine Stille von einer halben Stunde gewesen; eine solche Stille aber sei, wo Frauen anwesend sich befinden, nicht möglich.

Wir haben hier 2 Vorstellungsreihen (die Bibelstelle und den daraus gezogenen Schluss), die sich nach den logischen Normen nicht mit einander vereinigen lassen, denn jene Schriftstelle steht mit Kant's Behauptung eigentlich in gar keinem Zusammenhang. Andererseits aber ist durch die geschickte Auslegung in Rücksicht auf unsere Wahrheitsidee doch eine leichte Verbindung zwischen diesen beiden Vorstellungsreihen möglich gemacht.

Also auch beim Witz finden wir die oben aufgedeckten Quellen der Lust und Unlust wieder. Wir konnten aber auch schon an diesen einfachen Beispielen eine weitere Bemerkung machen, *dass nämlich die Ursachen der beiderseitigen Gefühle häufig mehrfache sind.* In den späteren Beispielen werden wir dies noch in höherem Maasse bestätigt finden. Natürlich steigert sich durch diese Häufung der Gefühlsgegensätze die komische Wirkung im Allgemeinen, gleichzeitig wird daraus aber auch die Thatsache verständlich, dass drei bis vier Personen über dasselbe Object lachen können, jeder aus einem andern Grunde. Es kommt deshalb in jedem einzelnen Falle einerseits darauf an, alle möglichen Auffassungsweisen in's Auge zu fassen, und die einander entsprechenden angenehmen und unangenehmen Gefühle zu sondern, andererseits aber auch die den Umständen entsprechenden hauptsächlich wirkenden Factoren, die einem vorliegenden Beispiele seinen eigentlichen Charakter gehen, herauszuheben. Natürlich habe ich zunächst, da es mir darauf ankam, die Elemente des Komischen zu demonstriren, solche Beispiele wählen müssen, die möglichst einfach sind. In einer Anekdote der gewöhnlichsten Art stecken häufig 6-8 verschiedene Gefühlsquellen.

Es würde jetzt weiter die Frage entstehen, ob die angenehmen wie unangenehmen Gefühle aus **jeder** der oben angegebenen Ursachen in den komischen Contrast eingehen können. Wäre dies der Fall, so würden wir durch einfache Combinirung der möglichen Quellen der beiden Gefühlsgegensätze verschiedene Formen des Komischen herleiten können. Die Erfahrung lehrt, dass dies nicht *unbedingt* der Fall ist und als Grund dafür müssen wir eine Thatsache anführen, deren Beweis erst später folgt, dass nämlich jene beiden entgegengesetzten Gefühle *in einem bestimmten Verhältnisse der Stärke zu einander stehen müssen,* und zwar so, dass keines vor dem andern das unbedingte Uebergewicht erlangt. Es würde nämlich sonst das stärkere Gefühl ohne Weiteres das schwächere auslöschen, zum Verschwinden bringen und höchstens dadurch von seiner eigenen Kraft etwas einbüssen; ein Kampf der beiden Gefühle aber, wie wir ihn zum Zustandekommen des Lächerlichen als nothwendig erkennen werden, könnte nicht entstehen. Nehmen wir diese Thatsachen von der nothwendig erforderlichen, annähernd gleichen Stärke der beiden Gefühle vorläufig als feststehend an, so müssen wir in Erinnerung an das oben Gesagte *eine* Quelle derselben sofort streichen. Wir sahen nämlich schon oben, dass die erleichterte Association einer gegebenen Vorstellung mit einer erst nach den Normen der Ideenassociation zu weckenden in der Regel ein kaum merkliches Gefühl hervorruft und es wird uns deshalb natürlich scheinen, dass dasselbe etwa einer Verletzung der ideellen Normen nicht das Gleichgewicht halten kann. Vielmehr muss in solchem Fall das angenehme Gefühl, um überhaupt in den komischen Contrast eingehen zu können, noch aus anderer Quelle her eine Unterstützung erfahren, und zwar dadurch, dass die eine Vorstellung die andere mit ihr zu associirende als eine im Bewusstsein schon vorhandene, herrschende, d. h. durch die komische Situation und Erzählung selbst dargebotene, antrifft. Dasselbe gilt für das aus gleichen Quellen fliessende unangenehme Gefühl. Durch diese Einschränkung modificirt sich aber unsere obige Aufstellung der Gefühle in folgender Weise. —

Als zum komischen Contrast tauglich kennen wir:

A. *Angenehme Gefühle,*

1) aus der Coincidenz *einer* im komischen Object enthaltenen Vorstellung mit den logischen, praktischen oder ideellen Normen;

2) aus der Uebereinstimmung *zweier* dargebotenen Vorstellungen unter einander — in Rücksicht auf die logischen, praktischen und ideellen Normen oder auf die Normen der Ideenassociation.

B. *Unangenehme Gefühle,*

1) aus der Disharmonie *einer* im komischen Object enthaltenen Vorstellung mit den logischen, praktischen und ideellen Normen; und

2) aus der Disharmonie *zweier* im Komischen mitgetheilten Vorstellungen in Rücksicht auf die logischen, praktischen und ideellen Normen oder auf die Normen der Ideenassociation.

Combiniren wir nun die Gefühle, so erhalten wir durch Gegenüberstellung der angenehmen und unangenehmen Gefühle folgende 4 Formen:

1) A. 1. — B. 1.

2) A. 2. — B. 1.

3) A. 1. — B. 2.

4) A. 2. — B. 2.

Bewähren sich dieselben als wirklich vorhanden, so ist damit gewissermaassen indirect auch der Beweis geliefert, dass unsere Behauptung von der nothwendig annähernd gleichen Stärke der beiden Gefühlsgegensätze begründet war. — Wie wir sehen werden, lassen sich aber diese 4 Formen wirklich festhalten, und was weiter zu jenem Beweise nothwendig ist, es lassen sich in ihnen auch alle Beispiele des Komischen unterbringen.

Betrachten wir nun diese Hauptformen näher.

In der ersten Hauptform, die wir das *einfach Komische* nennen wollen, soll sich also das angenehme wie unangenehme Gefühl erzeugen, aus *einer* vorhandenen Vorstellung (oder Vorstellungsreihe) die mit einzelnen logischen, praktischen oder ideellen Normen übereinstimmt, mit anderen aber nicht.

Die zweite Hauptform: *Das Komische mit zwei vereinbaren Vorstellungen*, lässt das angenehme Gefühl aus der leichten Verschmelzung *zweier* im komischen Object enthaltenen Vorstellungen in Rücksicht auf die Normen hervorgehen, während das unangenehme Gefühl dadurch erzeugt wird, dass *eine* der beiden gegebenen Vorstellungen mit einer der Normen nicht übereinstimmt.

Die dritte Hauptform: *Das Komische mit zwei unvereinbaren Vorstellungen*, enthält ein unangenehmes Gefühl, welches aus der in Rücksicht auf die Normen unmöglichen Vereinigung *zweier* im komischen Object enthaltenen Vorstellungen entsteht, während das angenehme Gefühl auf der Uebereinstimmung einer der beiden Vorstellungen mit den logischen, praktischen oder ideellen Normen beruht.

Die vierte Hauptform endlich: *Das Komische mit dem Wettstreit der Vorstellungen oder der Witz* entsteht dadurch, dass *zwei* dargebotene Vorstellungen in Rücksicht auf eine der Normen übereinstimmen und dadurch das angenehme Gefühl bilden, in Rücksicht auf andere Normen sich aber nicht mit einander vereinigen lassen und in Folge dessen ein unangenehmes Gefühl erzeugen.

Wir werden später sehen, dass bei veränderter Auffassung eines bestimmten Falles derselbe aus einer Form in die andere übergehen kann. Doch ist diese Thatsache keineswegs etwa geeignet unsere Eintheilung umzustürzen, sondern dient derselben vielmehr, wie sich herausstellen wird, zur wesentlichen Stütze. —

Innerhalb der genannten vier Hauptformen lassen sich nun aber wieder verschiedene Nebenformen abgrenzen, durch Auflösung der einzelnen Gesetze und Normen. Ich werde die wichtigsten derselben anführen.

Wir müssen ferner innerhalb des Komischen noch eine gewisse Rangordnung unterscheiden, bei welcher der sittliche Standpunkt der maassgebende ist. Sehr bemerkenswerth ist, dass hierbei lediglich die Entstehungsursachen des *angenehmen* Gefühls eine Rolle spielen. *Nur* diese bedingen in einem gegebenen Fall die Höhe des Komischen und zwar lässt sich hierüber folgender Satz aufstellen: *Je edler die Quelle ist, aus welcher das* **angenehme** *Gefühl hervorgeht, um so höher stehend und edler ist die Form des Komischen selbst; während dieselbe umgekehrt um so niedriger steht, je weniger ein sittliches Wohlgefallen im Spiele ist.* — Wie wenig der Ursprung des unangenehmen Gefühls in's Gewicht fällt, sehen wir am Besten daraus, dass in der höchststehenden Form des Komischen, in dem *Naiven*, gerade am häufigsten grobe Verletzungen sittlicher Ideen vorkommen, die aber durch die Harmonie mit noch höher stehenden sittlichen Normen völlig aufgewogen werden. —

Aus dem oben Gesagten ist es leicht verständlich, dass wir aus der Thatsache, ob ein bestimmter Gefühlscontrast Lachen erregend wirkt oder nicht, einen Maassstab für den absoluten sowie namentlich individuellen Werth der dabei concurrirenden Gefühle, und für den Werth und die Entwickelungshöhe der ihnen zu Grunde liegenden Normen gewinnen, und mit vollem Rechte können wir darum den Satz aufstellen:

„Sage mir, worüber Du lachst, und ich will Dir sagen, wer Du bist." —

Wenden wir uns jetzt zur Besprechung der oben aufgestellten Hauptformen.

I. DAS EINFACH KOMISCHE

Aus einer Vorstellung und ihrer einerseits leichten, andererseits unmöglichen Vereinigung mit den logischen und ideellen

Normen hervorgehend, bietet uns diese Gruppe, wenn wir die Leiter des Komischen von unten hinauf steigen, zunächst:

1. DAS NIEDRIG KOMISCHE

bei dem wir als Erreger des angenehmen Gefühls die Harmonie der gegebenen Vorstellung mit der niedrigsten Entwickelungsstufe der praktischen Normen, d. h. mit dem Egoismus und dem gesteigerten Selbstgefühl antreffen, während auf Seiten des unangenehmen Gefühls die Verletzung irgend einer andern Norm steht. Da, wo das erhöhte Selbstgefühl mit den ästhetischen Normen in den komischen Contrast tritt, entsteht das Lachen über körperliche Hässlichkeit, über allerlei Gebrechen, die den Schönheitssinn beleidigen, wie Verunstaltung durch Buckel, durch Lahmheit u. dergl., die wir schon oben erwähnten. Hierbei wird also die eigentlich erregte Unlust durch das Gefühl der Lust im Gedanken an die Verschonung der eigenen Person, durch das „Sichbesserdünken" aufgewogen. Bei Verletzung der ethischen Ideen tritt das geschmeichelte Selbstgefühl gegen moralische Hässlichkeit, Unsittlichkeit, Unwahrheit u. dergl. in die Schranken und bei Disharmonie mit den praktischen Ideen und logischen Normen endlich ruft es das Lachen über die Ungeschicklichkeit, die Dummheit und den Unsinn hervor. In all' diesen Fällen muss also das Selbstgefühl der Verletzung übrigens höher stehender Normen das Gleichgewicht halten können, wenn der komische Contrast entstehen soll, und daher ist es leicht ersichtlich, dass jene Gefühlsconflicte hauptsächlich bei solchen Menschen ein Lachen erzeugen, welche die hohen sittlichen und ästhetischen Ideen nur in unentwickelter Form besitzen, deren Selbstgefühl dagegen abnorm gesteigert ist. Dies ist der Fall bei rohen, ungebildeten Leuten und bei Kindern, in denen sich die höheren sittlichen Ideen noch nicht entwickelt haben.

In einem Falle nur ist das erhöhte Selbstgefühl als eine etwas edlere Regung anzusehen, wenn wir uns nämlich gewissermaassen über unsere eigene Schwachheit und Dummheit erheben und unser Selbstgefühl daran stärken, dass wir in einem gegebenen Falle eine Schwierigkeit überwunden, einen uns gestellten Fallstrick umgangen haben. Hierauf beruht zu einem Theil das Lachen über die sog. Münchhausiaden, Lügen- und Jagdgeschichten (sofern dieselben nicht zum Witz gehören). Während einerseits durch die Verletzung der Wahrheit unser Gefühl beleidigt wird, empfinden wir andererseits ein angenehmes Gefühl in Folge der berechtigten unserm Selbstgefühl schmeichelnden Freude darüber, dass wir der beabsichtigten Täuschung nicht unterlegen sind, *so nahe wir der Gefahr auch waren.* In einer gewissen Gefahr, der Täuschung zu unterliegen, müssen wir geschwebt haben, damit die Lust durch eine Leistung unsererseits einigermaassen motivirt ist. Daher dürfen die Lügen nicht gar zu plump angelegt sein, sondern müssen die Möglichkeit einer Täuschung enthalten. — Da es zum Lachen über diese Geschichten ausserdem einer gewissen Gutmüthigkeit und Harmlosigkeit bedarf, welche eine Kränkung des Selbstgefühls über die beabsichtigte Düpirung nicht aufkommen lässt (wir lassen uns solche Geschichten ungestraft auch eigentlich nur von guten Bekannten erzählen), so steht diese Form des Komischen schon dadurch ein wenig höher; doch ist sie in steter Gefahr auf das gewöhnliche Niveau des niedrig Komischen herabzusinken, sobald solche Münchhausiaden einer grösseren Gesellschaft erzählt werden. Denn sofort stellt sich dann bei jedem Zuhörer das Gefühl der Ueberlegenheit über die Anderen ein, denen er Dummheit genug zutraut, dass sie jene Geschichten glauben. Findet sich nun vollends ein Dummer, der sich wirklich die Lüge als Wahrheit aufbinden lässt, so steigt unser Selbstgefühl in gleichem Maasse, wie die Form des Komischen sinkt. Eine Stufe höher steht die folgende Form des Komischen, die ich wegen ihrer grossen Aehnlichkeit und häufigen Verwechselung mit dem Naiven (das danach besprochen wird) nennen will, gleichzeitig auch deshalb, weil das angenehme Gefühl bei ihm nur aus einer *schein-baren* oder *bedingten* Coïncidenz mit höheren Ideen (namentlich mit der Wahrheit) hervorgeht. Während einerseits, und zwar hauptsächlich durch die *kindliche Einfalt*, unsere praktischen Ideen von Klugheit oder die logischen Normen beleidigt werden, ist andererseits in der pseudo-naiven Aeusserung oder Handlung doch etwas *relativ* Wahres, Kluges, Vernünftiges enthalten, namentlich wenn wir uns auf den Standpunkt der bei dem Redenden *naturgemäss* vorhandenen und daher *verzeihlich scheinenden* Unkenntniss stellen. — Die Beispiele zu dieser Form sind sehr zahlreich und lasse ich hier einige folgen, die dieselbe wohl hinreichend verdeutlichen werden.

Das vierjährige Töchterchen eines Pfarrers wird zum ersten Male mit in die Kirche genommen, vorher aber ernstlich verwarnt, ja recht artig zu sein, denn in der Kirche müsse man sich ganz ruhig und still verhalten. Nach der Kirche wird das Kind gefragt, wie es ihm gefallen habe, und erwidert darauf: Ach recht gut, es waren auch alle ganz artig. Bloss der Papa allein hat so geschrieen und gelärmt.

Ein anderes Pastorenkind rief, als es zum ersten Male in die Kirche kam und seinen Vater auf der (übrigens ungewöhnlich hoch angebrachten) Kanzel stehen sah, ängstlich aus: „Ach, Du lieber Gott, wer hat nur meinen Papa dort oben 'naufgesperrt. Wird er denn auch wieder herunterkönnen?"

Ein Knabe auf einem einsamen Dorfe besass viele bleierne Soldaten, auch Cavalleristen, hatte aber noch nie einen lebendigen Reiter gesehen. Da plötzlich, als er just am Fenster steht, sprengt ein solcher in den Hof und springt an der Hausthür vom Pferde: „O", ruft der Knabe da mit tiefem Bedauern, „jetzt ging er entzwei". —

Ein Kind sollte das „Vater unser" beten und fragte die Mutter: ob der Vater unser mit dem Onkel Unzer (einem Hausfreunde) verwandt sei. —

Ein weiteres Beispiel zu dieser Form ist das später aus Kant angeführte.

Endlich gehören hierher fast sämmtliche Beispiele, welche Schopenhauer zu seiner zweiten Form des Lächerlichen, der von ihm sog. Narrheit anführt. Nach Schopenhauer, der wie erwähnt nur zwei Arten des Lächerlichen: den Witz und die Narrheit kennt, entsteht die letztere dadurch, dass wir beim Auffinden der Incongruenz zwischen Anschauung und Begriff vom Begriff zum Realen übergehen. „Objecte, die übrigens grundverschieden, aber alle in einem Begriff gedacht sind, werden auf gleiche Weise angesehen und behandelt, bis ihre übrige grosse Verschiedenheit zur Ueberraschung und zum Erstaunen des Handelnden hervortritt." — Die Beispiele, die S. zu dieser Art des Lächerlichen anführt, sind nun merkwürdiger Weise fast alle pseudonaiv und scheinen mir auch durch die von diesem Standpunkt ausgehende Erläuterung in ihrem Wesen viel bestimmter präcisirt zu werden, als durch die zu weit gefasste Schopenhau-er'sche Erklärung. — Ich lasse einige „Narrheiten" von ihm folgen: „Soldaten machen einen Arrestanten und erlauben demselben dann aus Gutmüthigkeit an ihrem Kartenspiel Theil zu nehmen; als er aber während des Spiels anfängt zu chicaniren, werfen sie ihn schliesslich in dem dabei entstehenden Streite hinaus." — Die Soldaten begehen offenbar eine thörichte Handlung, die gegen die Gesetze der praktischen Klugheit gewaltig verstösst, indem sie einen Arrestanten hinauswerfen. Von einem anderen Standpunkt aus, der durch die Erhitzung beim Streit und die daraus *natürlich* hervorgehende momentane Unzurechnungsfähigkeit uns in diesem Falle ganz entschuldbar erscheint, ist ihre Handlung aber wiederum eine ganz vernünftige, zweckentsprechende, daher also eine pseudonaive.

„Zwei Bauerjungen hatten ihre Flinten mit grobem Schrot geladen, welches sie, um ihm feines zu substituiren, heraushaben wollten, ohne jedoch das Pulver einzubüssen. Da legte der Eine die Mündung des Laufes in seinen Hut, den er zwischen die Beine nahm und sagte zum Andern: „Jetzt drücke Du ganz sachte, sachte, sachte los; da kommt zuerst das Schrot." — Auch hier haben wir eine thörichte Handlung (oder eine Aufforderung zu einer solchen) vor uns, die aber, wenn wir uns auf den Standpunkt des Bauerjungen stellen, der nichts von der beim Schuss vor sich gehenden Explosion des Pulvers weiss und *wissen kann* (dessen Unkenntniss wir jedenfalls verzeihlich finden), so ist die Aeusserung im gewissen Sinne eine ganz kluge und überlegte, indem sie (wie Schopenhauer ganz richtig anführt) von dem Begriff ausgeht, Verlangsamung der Ursache giebt Verlangsamung der Wirkung.

Auch die Münchhausiaden, die Schopenhauer weiter als Beläge zu seiner Definition anführt, lassen sich bei entsprechender Auffassung unter das Pseudonaive stellen, wenn sie nämlich solchen Inhalts sind, dass sie zwar für uns etwas absolut Unsinniges, Unmögliches enthalten, aber von einem bestimmten Standpunkte aus, welcher Kenntnisse in dem gerade vorliegenden Gegenstande mit einer gewissen Berechtigung als nicht vorhanden voraussetzt, dennoch nicht allein möglich, sondern sogar klug ersonnen erscheinen. So enthält die Geschichte von den im Posthorn eingefrorenen Melodien, die in der warmen Stube später aufthauen, für den Einsichtsvollen einen puren Unsinn; denken wir aber, Jemand wisse Nichts von dem eigentlichen Wesen des Tons, sondern sähe denselben mit gutem Recht für etwas Materielles an, etwa für eine Flüssigkeit, die unter Umständen ja auch einfrieren könne, so erscheint uns diese Idee von den aufthauenden und dadurch wieder zum Vorschein kommenden Tönen ganz klug. — Werden uns diese Geschichten von irgend Jemand als Münchhausiaden erzählt, so wird in der Regel freilich die eben besprochene Auffassung uns nicht zum Bewusstsein kommen, sondern das Lachen in der früher mitgetheilten Weise sich motiviren, anders aber verhält es sich, wenn wir die in der Geschichte liegende Idee etwa einem Kinde in den Mund legen, welches sieht, dass in dem Mundstück des Posthorns sich Eis angesetzt hat und nun fragt, ob das eingefrorene Töne seien und ob die nicht in der Stube wieder aufthauen würden. —

Manche dieser pseudonaiven Aeusserungen (wie z. B. die vom Onkel Unzer) gehen, wie erst bei Besprechung des Witzes deutlich werden kann, vermöge einer etwas anderen Auffassung leicht in den Witz über, indem sie das *„unbewusst Witzige"* bilden. Von zwei Menschen, welche dieselbe Aeusserung belachen, kann der eine sie als pseudonaiv, der andere sie als eine witzige auffassen.

3. DAS NAIVE

bildet, wie schon gesagt, die auf höchster Stufe stehende Form des Komischen. Die Bezeichnung *naiv* wird in einer weiteren und engeren Bedeutung gebraucht, je nachdem das unangenehme Gefühl aus der Verletzung *irgend einer* praktischen, logischen oder ideellen Norm hervorgeht, oder sich nur aus einem Verstoss gegen unsere Ideen von *conventionellem, gesellschaftlichem Anstand* herleitet. Es leuchtet ein, dass (natürlich nur für sittlich entwickelte Menschen) im ersten Fall das entgegenstehende angenehme Gefühl ein stärkeres sein muss, als im zweiten Fall, wo gewissermaassen nur künstlich geschaffene Gesetze verletzt werden. Immer aber ist es nöthig, dass uns in der naiven Aeusserung eine sittliche Unschuld und Reinheit entgegentritt, von der wir wissen, dass sie die künstlichen Schranken, welche die Etiquette uns gezogen, nicht kennt und daher auch nicht zu respectiren braucht, indem sie einer freieren und höheren Sittlichkeit folgt. — Am häufigsten beobachten wir aus diesem Grunde die Naivetät bei Kindern, bei denen wir die Unkenntniss mit den künstlich geschaffenen Gesetzen des sogenannten Anstandes als naturgemäss voraussetzen. —

An Beispielen für das Naive ist kein Mangel. Eine recht hübsche und dankenswerthe Zusammenstellung von kindlich naiven Aussprüchen (untermischt mit pseudonaiven und unbewusst witzigen) hat Dr. Walter Hoffmann kürzlich in einem kleinen Heftchen unter dem Titel: „Humor aus der Kinder- und Schulstube. Eine Sammlung der vorzüglichsten Anekdoten aus der Kinderwelt" herausgegeben. Ich empfehle dieses Büchelchen, aus dem ich auch schon oben einige Beispiele entlehnt habe, nicht blos weil es für den, der einmal tüchtig und von Herzen lachen will, reichlichen Stoff enthält, sondern weil es einen schätzenswerthen Beitrag zur Psychologie der Kinderseele liefert. —

Hier nur ein Beispiel:

„Aber Mama, wann essen wir denn heute", fragt der kleine Ernst seine Mutter. „Bald, warte nur noch ein Weilchen", entgegnete diese. — Nach einer Weile fragt er wiederum und erhält dieselbe Antwort. „Aber weshalb essen wir nur heute nicht; ich habe solch' grossen Hunger". — „Warte nur noch ein Bischen, bis der Soldat fort ist, dann wird gleich gegessen". — Darauf geht Ernstchen zum Soldaten in die Stube und fragt ihn: „Höre, wann gehst Du denn fort?" — „Gleich, mein Sohn, aber weshalb fragst Du denn?" „Nun, weil ich Hunger habe und Mama sagt, wenn Du fort bist, soll gegessen werden." Ich glaube, der Soldat hat über diese naive Aeusserung lachen müssen, so wie wir jetzt noch darüber lachen. Wir haben hier zunächst eine Beleidigung unserer Idee von Schicklichkeit und gesellschaftlichem Anstand vor uns, andererseits aber bewegt uns die kindliche Unschuld, welche jene conventionellen Schranken nicht kennt und unbekümmert darum die Wahrheit sagen darf, in angenehmer Weise. — Aus gleichem Grunde lachen wir über jenes Kind, das, einen fremden Herrn empfangend die Abwesenheit der Mutter mit den naiven Worten entschuldigt: „Mama wird gleich kommen, sie setzt sich nur noch ihre Locken auf." Verstösst diese Aeusserung einerseits gegen unsere Idee von gesellschaftlichem Takt (und praktischer Klugheit), so befriedigt und erfreut uns doch in höherem Grade das rückhaltlose, wahrheitsliebende Bekenntniss des Kindes, welches in seiner Unschuld jene künstlich geschaffenen Lügengesetze nicht kennt und daher sittlich höher zu stehen scheint. —

Bei einer etwas anderen Auffassung kann diese selbe Aeusserung aber auch unter die nun folgende Form des Komischen gestellt werden, indem wir dann nicht über das Kind, sondern über die Mutter lachen, ja! dieselbe auslachen. — Wir empfinden nämlich über die eitle Frau eine gewisse sittliche Entrüstung und gönnen ihr nun die Blamage, welche ihr durch die Aeusserung der Tochter bereitet wird, als eine wohlverdiente; — unser Gerechtigkeitsgefühl wird dadurch befriedigt. Es wird bei dieser Auffassung, von der Naivetät der Aeusserung ganz abgesehen, und an Stelle der letzteren könnte eben so gut ein Zufall treten, der die Frau gerade beim Aufsetzen der Perücke überrascht werden lässt. — Es bestätigt dies Beispiel die unzählig oft zu beobachtende und schon erwähnte Thatsache, dass ein und dieselbe komische Situation oder Aeusserung mehrfache komische Elemente enthält, wobei natürlich im Ganzen der komische

Effect sich steigert, wenn uns die verschiedenen Auffassungen nach einander zum Bewusstsein kommen. Gerade durch diesen Umstand wird aber die Beurtheilung des Komischen, sowie die Beibringung von einfachen Beispielen sehr erschwert. —

Dass das Naive im Gebiete des einfach Komischen die höchste Stellung einnimmt oder wenigstens dasselbe nach einer Richtung hin abgrenzt, erkennen wir am besten daraus, dass es aus dem *Lächerlichen* sehr leicht in das *Rührende* übergeht. Ich führe dazu wieder ein Beispiel aus Walter Hoffmann an:

„Vom verstorbenen Prof. A. v. Schaden erzählte mir seine Mutter, sie habe einst auf seine Fürsprache einem Bettler Brod geben wollen und sich angeschickt, ihm ein Stück von einem Laibe abzuschneiden. Da sei ihr Sohn zu ihr getreten und habe ihr zugeflüstert: „Mama, die Thür steht offen, er (der Bettler) hat ja gesehen, dass Du einen *ganzen* Laib hast, Du kannst ihm daher nichts abschneiden! (d. h. Du musst ihm denselben ganz geben).”

Diese Aeusserung ist offenbar eine naive, sie verstösst einerseits gegen unsere Idee von praktischer Klugheit, andererseits aber überrascht uns darin eine hohe Sittlichkeit und kindliche Unschuld. Wir lachen über die Aeusserung — aber zugleich ist uns auch vor Rührung das Weinen nahe. Indem nämlich jene hohe kindliche Reinheit in uns das Gefühl unserer eigenen Erbärmlichkeit und berechnenden Selbstsucht lebhaft anregt, werden wir beschämt und durch die Wucht jener Ideen gewissermaassen erdrückt. Dadurch wird aber auf Seiten der unser Selbstgefühl herabstimmenden Empfindungen ein Uebergewicht erzeugt, — aus dem der Affect des Weinens hervorgeht. —

Im Anschluss an das Naive muss ich hier wenigstens anhangweise den *Humor* kurz erwähnen, der als nächster Nachbar neben dem Komischen eine Form für sich bildet oder richtiger gesagt, einen besonderen Standpunkt bezeichnet, von dem aus das Komische und Rührende sich in etwas abweichender Weise erzeugt, und einen besonderen Hintergrund erhält. Aehnlich wie das Naive zeigt auch der Humor den leichten Uebergang vom Lachen ins Weinen („er lacht mit dem einen Auge, während er mit dem andern weint”), ebenso wie beim Naiven treten auch bei ihm als Erreger des angenehmen Gefühls die höchsten, sittlichen und religiösen Ideen in die Schranken; doch wie wir sehen werden, in etwas anderer Weise. Der Humor ist vor allen Dingen im Gegensatz zum Naiven, völlig bewusst, ja willkürlich. Er beruht ganz und gar auf einer subjectiven Auffassung, die bei dem Humoristen eine vorherrschende, eine allgemeine Weltanschauung geworden ist. Er bringt vorsätzlich, oder durch sein Naturell gezwungen, jedenfalls mit einer gewissen Vorliebe das ihm entgegentretende Alltägliche, Kleine, Niedrige, Gemeine mit den in ihm lebhaft vorhandenen hohen sittlichen und religiösen Ideen in Gegensatz. Daraus erzeugt sich einerseits in ihm ein unangenehmes Gefühl, andererseits aber entsteht dadurch, dass *der Humorist sich gerade in dem Contrast mit dem Niedrigen, der Hoheit und Erhabenheit der in ihm ruhenden Ideen lebhafter bewusst wird, ein angenehmes Gefühl.* Behält das Letztere das Uebergewicht, so erzeugt sich der komische Affect, während der rührende Affect dann entsteht, wenn wir lebhaft fühlen, dass unser eigenes Thun und Handeln mit unseren Idealen nicht im Einklang stehe. Dies sind die beiden Formen des sogenannten versöhnten Humors. Es kann nun aber auch der Fall eintreten, dass der Humorist durch das gegen seine Ideale kämpfende Niedrige und Gemeine zu tief gekränkt wird, — und an Allem verzweifeln möchte: dann entwickelt sich der *unversöhnte Humor*, der sich daher gern im Sarkasmus ergeht und wohl auch meist als erste Stufe dem versöhnten Humor vorausgeht. Letzterer ist, wie Vischer richtig sagt, voll Unschuld, „aber es ist nicht die einfache Unschuld eines Kindes, sondern eine solche, die durch innere Wehen, durch Zerrissenheit, Kampf, Schuldbewusstsein hindurchgegangen, sich wieder mit ihrem Gott versöhnt hat”. Dass die Humoristen bei all’ ihrer Gemüthlichkeit, sehr häufig eigentlich, unglückliche Menschen sind, erklärt sich daraus, dass sie für Alles in der Welt vorgehende Widrige, für alle kleinen Leiden des Lebens ein viel feineres Gefühl haben als andere Menschen, und sich doch meist ihren Idealen gegenüber selbst klein fühlen. Daher haben die meisten Humoristen einen Anflug von Melancholie oder Hypochondrie. Aber selbst über diese wissen sie sich wiederum zu erheben, indem sie gewissermaassen an sich selbst ihren Witz auslassen. Aecht humoristische Personen sind z. B. die Narren im Shakespeare, ebenso auch Hamlet, der in vielen Scenen den unversöhnten Humor erkennen lässt. Ich erinnere an die Scene vor Aufführung des Schauspiels bei Hofe, wo er zu Ophelia sagt: „Was sollte ein

Mensch anderes thun, als lustig sein? Denn seht nur, wie vergnügt meine Mutter aussieht, und mein Vater ist doch erst vor zwei Stunden gestorben. Ophelia: Vor zwei Mal zwei Monaten, gnädigster Herr. Hamlet: So lange ist's her?! Ei da mag der Teufel noch schwarz gehen! ich will mir ein munteres Kleid machen lassen“. — Weitere Repräsentanten des Humors liefert Jean Paul im Titan und Siebenkäs etc., vor Allen auch Sterne in seinem „Leben und Meinungen Tristam Shandys.“

Neben dem bisher dargestellten *subjectiven* Humor, „wo eine selbstbewusste humoristische Person auftritt, die absichtlich als solche handelt,“ giebt es, wie Lazarus richtig hervorhebt, auch einen *objectiven* Humor, „wo nur der Leser und Zuschauer die Absicht und Wirkung des Humors empfindet“, indem der objective Humorist, wie z. B. Falstaff, alle hohen Ideen, deren Widerpart er in Leben und Gesinnung ist, durch sein Reden und Thun in uns erweckt. „Er spricht von Ehre, Muth etc., stellt den König dar, wie er Heinrich straft etc., in Allem ist er ein Gebildeter, die Ansprüche der Idee Kennender und Zeigenden. Wir lachen über ihn, obgleich er das Hohe erniedrigt (z. B. in seiner Definition der Ehre), wir lachen, weil er selbst die wahre Idee in uns weckt und diese desto sicherer siegt, je angelegentlicher er dagegen kämpft“.

Doch kehren wir nach dieser Abschweifung zu unserem eigentlichen Thema zurück, und wenden uns zur zweiten Hauptform des Komischen.

II. DAS KOMISCHE MIT ZWEI VEREINBAREN VORSTELLUNGEN

Kam bei der vorher besprochenen Form des einfach Komischen überhaupt nur *eine* Vorstellung in Frage, die durch ihre Harmonie mit einzelnen und Disharmonie mit anderen Normen die beiden einander conträren Gefühle erregte, so sind bei der vorliegenden Form *zwei* im Komischen selbst enthaltene Vorstellungen zur Erzeugung des angenehmen Gefühls thätig während zum unangenehmen Gefühl wiederum nur eine der beiden gegebenen Vorstellungen die Ursache giebt. —

Wir haben hier die sogenannte

zu erwähnen, bei welcher das unangenehme Gefühl aus dem Verstosse einer gegebenen Vorstellungsreihe gegen irgend eine der beiden Normen hervorgeht, während das angenehme Gefühl daraus resultirt, dass eine zweite gleichzeitig gegebene Vorstellung sich mit jener ersten in Rücksicht auf die ethische Norm der *Gerechtigkeit* leicht verbindet. Die beiden Vorstellungen stehen dabei in dem Verhältniss von Ursache und Wirkung — von Vergehen und Strafe. Während uns einerseits die Dummheit, Schlechtigkeit u. dergl. ärgert, wird andererseits durch die gleichzeitig eintretende Strafe unser Gerechtigkeitsgefühl befriedigt. — Wir haben schon oben in dem zweiten vorläufigen Beispiel angeführt, wie in diesem Sinne auch den Gebildeten die Corpulenz eines Falstaff zum Lachen reizen kann. Wir erwähnen hier noch, als ähnliche sinnlich-hässliche Gegenstände des Gelächters, die Glatze und die rothe Nase, da wir auch diese Fehler (freilich nicht immer mit Recht) als Folgen einer etwas lockeren, üppigen Lebensweise anzusehen gewohnt sind, und wir demnach statt Mitleid mit dem also Entstellten zu empfinden, vielmehr durch die Befriedigung unserer Gerechtigkeitsidee angenehm berührt werden.

In demselben Sinne kann ein Gebildeter auch über die Dummheit lachen, nicht sowohl insofern er sich seines Besserwissens freut, als vielmehr in der Voraussetzung, dass die Dummheit mehr oder weniger auf eigenem Verschulden beruht und wir die den Dummen treffende Blamage oder auch einen geringen Schaden, den er erleidet, als verdient und ihm von Rechtswegen zukommend ansehen. —

Zu beachten ist aber hierbei ein sehr wichtiger Umstand (der gleichzeitig am besten die Richtigkeit meiner Erklärung beweist): Die Strafe darf nicht das uns gerecht erscheinende Maass überschreiten, sonst hört die komische Wirkung in dem jetzt besprochenen Sinne auf. Wir lachen über einen ungeschickten Menschen, wenn er in Folge seiner Ungeschicklichkeit ein mässiges Unheil anrichtet, etwa hinfällt und im Fallen sein Beinkleid an einer am wenigsten dazu geeigneten Stelle aufreisst. Sobald wir aber sehen, dass der Fallende sich ein Bein gebrochen, oder sich sonst erheblich verletzt hat, so werden wir nicht mehr lachen, da die ihn treffende Strafe das uns gerecht erscheinende Maass bei Weitem überschritten hat. Das hat wohl Aristoteles mit seinem anôdunon ou phthartikon auch eigentlich sagen wollen: Ein Schmerz oder Schaden muss wohl vorhanden sein, derselbe darf aber über ein gewisses Maass nicht hinausgehen und muss verdient erscheinen. Um ein weiteres hierher gehöriges Beispiel anzuführen, erinnere ich an jenes Bild, einen Bauer darstellend, der damit beschäftigt ist, einen Baumast abzusägen, auf dessen äusserstem Ende er selbst sitzt. Die komische Wirkung dieser Darstellung beruht offenbar darauf, dass einerseits die Dummheit des Bauern, d. h. der Contrast seiner Handlung mit der Idee von praktischer Klugheit uns unangenehm berührt, während andererseits der in dem Bilde als unabwendbar bevorstehend gezeigte Fall aus der mässigen Höhe uns als Strafe für jene Thorheit gerecht erscheint, und somit wegen seiner leichten Verbindung mit jener ersten Vorstellung in Bezug auf die Gerechtigkeitsidee unserem Gefühle zusagt. Denken wir uns nun aber das Bild so verändert, dass jener Baumast über einem gähnenden Abgrunde schwebe, in welchen der Mensch nun hineinzufallen droht, so lachen wir nicht mehr, weil die Strafe für seine Dummheit bei Weitem das entsprechende Maass überschreitet und unsere Gerechtigkeitsidee dadurch umgekehrt gerade beleidigt würde. Der Umstand übrigens — das sei zum Schlusse noch erwähnt — dass die eine Vorstellung (die des Herabfallens) nicht unmittelbar im Bilde vorhanden ist, thut nichts zur Sache, und ändert die Auffassung dieser Form nicht. Es wird diese Vorstellung jedenfalls durch das Bild hervorgerufen, und geht mit in den komischen Contrast ein; ganz ebenso wie in den ersten Beispielen die rothe Nase uns ohne Weiteres die Vorstellung des Trinkens erweckt und diese nun ganz so wie eine unmittelbar dargebotene sich an dem Contrast betheiligt. Auch dadurch endlich verfällt die Dummheit oft dem Gelächter, selbst der Gebildeten, dass sie sich, mit vielem Selbstgefühl gepaart, den Anschein besonderer Klugheit geben will, sich aber natürlich nun um so mehr bloss stellt. Wie vorher erscheint uns jetzt die den Dummen treffende Blamage wegen der Ansprüche, die er erhoben hat, als eine wohl verdiente.

Wir kommen nunmehr zur Besprechung der dritten Hauptform, welche wir nannten:

Wie bei der vorigen Form sind auch bei dieser zur Erzeugung des einen Gefühls (hier aber des _un_angenehmen) zwei Vorstellungen im Komischen selbst enthalten, die sich in der dargebotenen Form nicht mit einander verbinden wollen, während andererseits in Folge der Harmonie einer der beiden Vorstellangen mit irgend einer Norm ein angenehmes Gefühl erzeugt wird. — Zu dieser Gruppe gehören zahlreiche Nebenformen, von denen ich die wichtigsten anführe. Als einfachste der hierher gehörigen Formen nenne ich zuerst:

1. DAS KOMISCHE DER GETÄUSCHTEN ERWARTUNG

Wie oben mitgetheilt, will Kant beim Komischen stets eine in Nichts aufgelöste Erwartung nachweisen können, und stützt darauf seine Definition. Richtig ist allerdings, dass die getäuschte Erwartung beim Lächerlichen sehr häufig angetroffen wird, doch spielt sie, wie sich leicht nachweisen lässt, in den meisten Fällen nur eine ganz nebensächliche Rolle, und dient höchstens dazu, die komische Wirkung zu steigern. Schon das erste Beispiel, das Kant zur Stütze seiner Definition selbst anführt, spricht gegen ihn. Lassen wir Kant selbst reden: „Wenn Jemand erzählt, dass ein Indianer, der an der Tafel eines Engländers in Surate eine Bouteille mit Ale öffnen und alles dies Bier in Schaum verwandelt herausdringen sah, mit vielen Ausrufen seine grosse Bewunderung anzeigte, und auf die Frage des Engländers, was ist denn hier sich so zu verwundern? antwortete: *Ich wundere mich auch nicht darüber, dass es herausgeht, sondern wie ihr's habt herein kriegen können*; so lachen wir und es macht uns eine recht herzliche Lust, nicht, weil wir uns etwa klüger finden, als diesen Unwissenden, oder sonst über etwas, was uns der Verstand hierin Wohlgefälliges bemerken liesse, sondern unsere Erwartung war gespannt und verschwindet plötzlich in Nichts." —

Dass eine gewisse Spannung unserer Erwartung in diesem Falle vorliegt, will ich nicht leugnen; Wir denken etwa: „welch wichtigen Grund seines Erstaunens wird der Indianer wol vorbringen?" Doch dient dies Moment hier offenbar nur dazu, die komische Wirkung, *die auch ohne dies vorhanden* wäre, durch die geschickte Form des Vortrages zu erhöhen. Die Aeusserung bleibt auch komisch, wenn wir einfach den Indianer ohne weitere Vorbereitung verwundert fragen lassen: „Sagt mir nur, wie habt Ihr das Alles in die Flasche hineinbekommen?" — Die Frage ist, wie leicht ersichtlich, eine pseudonaive und die komische Wirkung erklärt sich bei dieser Auffassung leicht. Während die eigentlich dumme Aeusserung des Indianers unser Gefühl einerseits beleidigt, entdecken wir andererseits in derselben doch viel Ueberlegung und Klugheit, wenn wir uns auf den Standpunkt der bei einem Indianer ganz erklärlichen Unkenntniss in Bezug auf die beim Schäumen des Bieres wirkenden Verhältnisse stellen. —

Nebenbei freuen wir uns — obschon Kant es nicht wahr haben will — doch etwas unseres Besserwissens. Uebrigens bringt Kant noch eine Bemerkung, aus der sich die richtige Auffassung ahnen lässt. Er sagt nämlich: „Merkwürdig ist, dass in allen solchen Fällen der Spass immer etwas in sich enthalten muss, welches auf einen Augenblick täuschen kann. Denn wenn Jemand uns mit der Erzählung einer Geschichte grosse Erwartung erregt und wir beim Schluss die Unwahrheit derselben sofort einsehen, so macht es uns Missfallen." —

Doch wir haben nun, da sich das Kant'sche Beispiel für die hier zu besprechende Form nicht als brauchbar erwiesen hat, noch Beispiele anzuführen, in denen die getäuschte Erwartung wirklich ein *wesentliches* Glied bei Erzeugung des komischen Affects darstellt. Als allgemeines Schema dafür können wir das bekannte: parturiunt montes nascitur *ridiculus* mus anführen, zu dem unter Anderem der folgende Schwank, den der Clown im Circus oft ausübt, einen speciellen Fall bildet. Der Clown stellt sich an, als ob er über ein ziemlich hochgehaltenes Seil hinüber springen will, nimmt einen gewaltigen Anlauf, um dann plötzlich unter dem Seile hindurchzukriechen. In der Regel belohnt unauslöschliches Gelächter, namentlich im Olymp, diese Farce. Suchen wir den Grund dieses Lachens auf, so finden wir das zum Lächerlichen erforderliche unangenehme Gefühl hervorgehend aus der plötzlich getäuschten Erwartung. Das angenehme Gefühl dagegen entsteht einerseits aus dem befriedigten Selbstgefühl, indem dasselbe durch die Vorstellung, dass der Clown jener Aufgabe doch nicht gewachsen war, gehoben wird, andererseits wirkt die berechtigte Schadenfreude mit, indem wir dem Clown die Blamage, die er sich (wenn auch nur scheinbar) zugezogen hat, als eine verdiente gönnen; endlich drittens spielt eine gewisse objectivirende Schadenfreude, die wir über uns selbst empfinden, eine nicht unwesentliche Rolle. Während eigentlich der Clown uns auslachen könnte, dass wir uns durch ihn haben dupiren lassen, schwingen wir uns schnell zu einer Objectivität auf, in der wir im

Stande sind, über uns selbst zu lachen. Da wo diese Objectivität nicht vorhanden ist, überwiegt leicht die Kränkung des Selbstgefühls, und es entsteht statt Lachen Aerger. —

Eine zweite hierher gehörige Form:

2. DEN KOMISCHEN ANACHRONISMUS

haben wir schon bei den vorläufigen Beispielen erwähnt. Wenn wir also, um noch einige andere Beispiele anzuführen, auf Raphael'schen Bildern den Stammvater Abraham mit eiserner Karst in der Hand, Gott Apollo mit einer Geige, auf anderen Bildern Soldaten, unter dem Kreuze Christi, Karten spielend und Tabak rauchend, Ferngläser in der Hand römischer Feldherren, Christus auf seinem Gange nach Golgatha von einem betenden Kapuziner begleitet sehen, so wirkt das Alles komisch, weil uns zwei Vorstellungen zusammen geboten werden, die sich nach der Norm der Gleichzeitigkeit nicht mit einander vereinigen lassen und durch ihre erzwungene Zusammenstellung ein unangenehmes Gefühl erzeugen, während das angenehme Gefühl auf der unserm Selbstgefühl schmeichelnden Vorstellung von unserem Besserwissen beruht.

leitet sein unangenehmes Gefühl her aus der Disharmonie zwischen der poetischen Darstellung und dem Inhalt. Beim Burlesken werden ernste, wichtige und erhabene Dinge in einer unwürdigen und sie herabsetzenden Weise vorgetragen. Als Beispiel mag Offenbach's „Orpheus in der Unterwelt" gelten. Beim Heroisch-Komischen werden ganz unbedeutende Gegenstände durch die Sprache als bedeutende dargestellt, wie z. B. in Blumauers Aeneïde. —

So lange das Burleske und Heroisch-Komische nicht zugleich witzig ist (was aber meist der Fall ist) steht der, aus der oben genannten Quelle fliessenden Unlust, ein Lustgefühl gegenüber, das wie bei der vorigen Form nur aus dem gesteigerten Selbstgefühl des Besserwissens entspringt.

Wir kommen jetzt zur letzten Hauptform des Komischen, die wir nannten:

IV. DAS KOMISCHE MIT DEM WETTSTREIT DER VORSTELLUNGEN ODER DEN WITZ

Der Witz ist eine der ausgedehntesten Formen des Komischen und erfreut sich gerade bei den Gebildeten einer besonderen Beliebtheit und doch steht er dem grössten Theile seines Inhalts nach auf keiner hohen Stufe, indem bei ihm das angenehme Gefühl (in der Regel) ohne Betheiligung sittlichen Wohlgefallens zu Stande kommt. Die logischen Normen und die Normen der Ideenassociation sind es vorwiegend, die bei ihm eine Rolle spielen, während die Beziehungen zu den ethischen oder ästhetischen Normen meistens ausserhalb des Witzes, neben diesem vorhanden sind und die komische Wirkung nur erhöhen. — Es hat daher etwas für sich, wenn Vischer in seiner ersten Schrift den Witz: das Komische des Verstandes oder der Reflexion nennt und hervorhebt, dass die Untersuchung des Witzes theilweise mit der Lehre von den Gesetzen der Ideenassociation zusammenfalle. Das wesentlichste Merkmal des Witzes allen übrigen Formen des Komischen gegenüber ist aber Folgendes: Beim Witz entsteht die Unlust wie die Lust aus **zwei** Vorstellungen, deren Unvereinbarkeit, und doch wiederum mögliche Vereinbarkeit mit einander, die Quelle der Gefühle bildet, während bei den übrigen Formen entweder nur *eine* Vorstellung beide Gefühle erzeugte, oder zwei dargebotene Vorstellungen doch nur zur Erregung des *einen* der Gefühlsgegensätze thätig waren.

Indem die zwei dargebotenen Vorstellungen zunächst nur unter einander und nicht zu unserem ganzen Ich (zu den ideellen etc. Normen) in Beziehung treten, regt der Witz unsere Interessen viel weniger an, als alle übrigen Formen des Komischen. Ganz richtig sagt deshalb Jean Paul von ihm: „er achtet nichts und verachtet nichts, Alles ist ihm gleich, sobald es gleich und ähnlich wird".

Sehen wir davon ab, dass der Unterschied des Witzes von den übrigen Formen des Komischen mir bisher nirgend so scharf präcisirt zu sein scheint, so ist er doch im Ganzen von den Autoren am richtigsten aufgefasst. Jean Paul bringt auch über ihn ungemein viel Treffendes, wenn schon er mit seiner eigentlichen Definition nicht glücklich war und den Mangel wissenschaftlicher Schärfe auch hier verräth. — Seine gelegentlichen Bemerkungen z. B., wenn er ihn den verkleideten Priester nennt, der jedes Paar copulirt, sind viel bezeichnender als seine Definition, nach welcher er die alte, in der That unzureichende Auffassung: Der Witz sei eine Fertigkeit, Aehnlichkeiten zwischen Unähnlichem zu finden, in der Art verändert, dass er den Begriff der Vergleichung substituirt, welche eine theilweise Gleichheit bei grösserer Ungleichheit entdeckt. Viel entsprechender ist die Definition von Vischer, der jene alte dahin erweitert: „Der Witz ist eine Fertigkeit mit einer überraschenden Schnelle mehrere Vorstellungen, die nach ihrem inneren Gehalt und dem Nexus, dem sie angehören, einander eigentlich fremd sind, zu Einer zu verbinden." — In dieser Definition ist freilich ungesagt, dass diese Verbindung in gewissen Hinsichten eine gerechtfertigte und uns angenehm berührende sein muss.

Doch berichtigt Vischer wenigstens seine in dem ersten Werke ausgesprochene Ansicht, dass *kein* Witz einen eigentlichen Sinn habe, in seiner Aesthetik dahin, dass der Sinn zwar nicht innerlich organisch im Witz enthalten sei, doch in vielen Fällen von Aussen hinzukomme. Vollständig treffend, wenn wir die darin enthaltenen Begriffe, Gleichheit und Verschiedenheit, mit unseren obigen Normen in Beziehung bringen, ist die schon erwähnte Definition von Lazarus, die eigentlich auf das Komische überhaupt gemünzt ist, aber, wie wir sehen, im Besonderen auf den Witz passt. Es sollen zwei Vorstellungen vorhanden sein, die einmal wegen ihrer Gleichheit zu einem einzigen Denkacte verschmelzen, während sie nach anderer Richtung hin, wieder ganz und gar verschieden sind, „die Möglichkeit und die Unmöglichkeit der Verschmelzung tritt zu gleicher Zeit ein". Das ist in der That das Charakteristicum des Witzes.

Die Schopenhauer'sche Definition werde ich bei Gelegenheit einer besonderen Form der Witze erwähnen, zu der wiederum alle von ihm aufgestellten Beispiele gehören.

Am ausführlichsten und in vieler Beziehung sehr glücklich hat in neuester Zeit Kuno Fischer den Witz behandelt. Seine Darstellung, die halb vom psychologischen halb vom metaphysischästhetischen Standpunkte ausgeht, weicht aber von der meinigen vor allen Dingen darin ab, dass

Fischer ganz entsprechend seiner Auffassung des Thema's hauptsächlich die Frage erörtert, wie der Witz entsteht, auf welchem Boden er aufspriesst und wie er geformt wird. — Das Material, aus dem er besteht, behandelt Fischer nur gelegentlich. Darum ist selbstverständlich seine ganze Eintheilung eine andere, wenn ich auch in einzelnen Formen mit ihm übereinstimme. Entspringend auf dem Boden der ästhetischen Freiheit, die sich vom Begehren und Wollen fern hält und aus dem ungedruckten Selbstgefühl hervorgeht, ist nach Fischer's kurzer und knapper Definition der Witz ein spielendes Urtheil, welches die Fehler und Gebrechen, d. h. das Unfreie im intellectuellen Reich unserer Gedanken und Vorstellungen plötzlich aufdeckt, und mit unserem erhöhten und freien Selbstgefühl in den komischen Contrast bringt. Der Witz muss nach F. ganz entlegene, nicht gleichartige, sondern entgegengesetzte, nicht bekannte, sondern einander fremde Vorstellungen mit einander verknüpfen, dieselben aber plötzlich in der Pointe zusammenstossen lassen. „Was noch nie vereint war, ist mit einem Male verbunden und in demselben Augenblicke, wo uns dieser Widerspruch noch frappirt, überrascht uns schon die sinnvolle Erleuchtung". — Sehr mit Recht betont Fischer, wie auch Vischer, besonders das Plötzliche des Zusammenstosses der beiden Vorstellungen, d. h. die Pointe. Wir müssen auf diesen Punkt, der zwar indirect in unserer Aufstellung schon enthalten ist, am Schlusse noch einmal zurückkommen. Zunächst wollen wir die einzelnen Formen des Witzes untersuchen und durch Beispiele erläutern.

Wir können innerhalb des Witzes zwei inhaltreiche Hauptgruppen aufstellen, die sich durch die Entstehung des angenehmen Gefühls von einander unterscheiden; in der einen Gruppe ist dasselbe abhängig von der leichten Vereinbarkeit der beiden dargebotenen Vorstellungen in Rücksicht auf die *logischen* Normen; bei der andern Gruppe entsteht die Lust aus der leichten Verbindung der beiden Vorstellungen nach irgend einer *der drei Normen der Ideen-Association*.

In der ersten Gruppe spielt der doppelte Sinn, die zweifache Bedeutung und Beziehung, welche in einer der beiden dargebotenen Vorstellungen steckt und in Rücksicht auf welche die Vereinigung mit der in der vorliegenden Situation enthaltenen zweiten Vorstellung, einmal möglich, das andere Mal unmöglich ist, eine Hauptrolle. Ich will deshalb der bequemeren Bezeichnung halber den Namen „*Doppelsinn-Witze*" dafür einführen, während ich die andere Gruppe (*Ideen-*) *Associations-Witze* nenne.

Wir behandeln zuerst die

1. ASSOCIATIONS-WITZE

als die tiefer stehende Form. Es werden hier also zwei Vorstellungen mit einander in einen Zusammenhang gebracht, der gegen die Normen der Logik verstösst, und dadurch Unlust verursacht, während andererseits die Verbindung derselben beiden Worte in Rücksicht auf eine der drei Normen der Ideenassociation eine leichte ist und dadurch das Lustgefühl begründet. Je nachdem das Gesetz der Aehnlichkeit, das der Gleichzeitigkeit oder das der Zeitfolge die Association erleichtert, erhalten wir drei verschiedene Unterklassen der Associationswitze. In der erstgenannten *Unterklasse*, die ihr *angenehmes Gefühl auf die Aehnlichkeit der beiden Worte stützt*, nehmen die sogenannten *Klangwitze* das weiteste Gebiet ein. Bei ihnen ist die äussere Aehnlichkeit des Klanges massgebend. Wir haben schon oben unter den vorläufigen Beispielen auch von dieser Form einige angeführt: (Tracht — Eintracht; Ring — Hering.) Man nennt diese Sorte von Witzen auch „Kalauer" und achtet sie ziemlich gering; trotzdem hat selbst Shakespeare sie nicht verschmäht, indem er z. B. dem dicken Hans Falstaff folgende in den Mund legt. „Allerdings hat mein Wanst es weit in die Dicke gebracht, aber es ist hier nicht die Rede von *Wänsten*, sondern von *Gewinnsten*, nicht von *Dicke*, sondern von *Tücke*". — Nicht der geringste logische Zusammenhang besteht zwischen diesen, doch in eine enge Verbindung gebrachten Worten; nur der Gleichklang hält sie zusammen.

Ich erwähne hier ferner jenes schon bei Gelegenheit des Pseudonaiven angeführte Beispiel, wo das Kind, dem das Vaterunser gelehrt wird, fragt, ob der Vater Unser mit dem Onkel Unzen verwandt sei. Wir können diese Aeusserung auch als einen Witz auffassen, bei welchem das angenehme Gefühl (allerdings viel schwächer als bei der vorigen Auffassung) lediglich aus dem Gleichklang der beiden Worte Unser und Unzer hervorgeht, die sonst gar nichts mit einander zu thun haben, und deren Zusammenbringung unser Gefühl beleidigt. Jene Aeusserung steht, als pseudonaive aufgefasst, bedeutend höher, als wenn wir sie als Witz ansehen.

Zuweilen erhält die einerseits unsinnige Zusammenstellung klangähnlicher Worte durch äussere Nebenbeziehungen eine Art von Sinn, und diese Witze stehen dann um ein Weniges höher. Beispiele zu dieser Art liefern Fischart und Abraham a Santa Clara in grosser Fülle.

Dem letzteren nachgebildet sind die bekannten Klangwitze des Kapuziners in Wallenstein:

> Kümmert sich mehr um den *Krug* als den *Krieg*,
>
> Wetzt lieber den *Schnabel* als den *Sabel*,
>
> Hetzt sich lieber herum mit der Dirn,
>
> Frisst den *Ochsen* lieber als den *Ochsenstirn* etc.
>
> Das römische Reich, dass Gott erbarm,
>
> Sollte jetzt heissen römisch arm.
>
> Der *Rheinstrom* ist geworden zu einem *Peinstrom*,
>
> Die *Bisthümer* sind verwandelt in *Wüstthümer*,
>
> Die *Abteien* und *Stifter*
>
> Sind *Raubteien* und *Diebesklüfter*,
>
> Und alle die gesegneten *deutschen Länder*
>
> Sind verwandelt worden in *Elender*.

Im Anschluss hieran muss ich noch eine Abart der Klangwitze erwähnen, die sich von der gewöhnlichen Form dadurch unterscheidet, dass von den beiden Vorstellungen, deren Vereinbarkeit und Unvereinbarkeit eben den Witz erzeugt, nur die eine direct, die andere aber indirect gegeben ist. Hierher gehört besonders die theils absichtliche, theils unabsichtliche Verstümmelung der Fremdwörter, wie sie zum Beispiel von Onkel Bräsig in hohem Maasse geübt wird: Er spricht von dem Existent (statt Assistent) des Wasserdoctors, der nicht als Gregorius (Chirurgus) qualifikacirt war und keine Operamente (Operationen) machen durfte, ihm dagegen eine Extra-Einwickelung apoplexirte. Hier findet der Wettstreit zwischen dem wirklich ausgesprochenen und dem eigentlich gemeinten Wort statt, das wir sofort errathen müssen. In Bezug auf die logischen Normen haben diese beiden Worte, die nicht nur in Verbindung gebracht sind, *sondern von denen eins sogar für's andere substituirt* ist, nicht das Geringste mit einander zu thun, ihre Klangähnlichkeit aber erleichtert andererseits die Association. — Man kann diese Confusionen (wie es mit dem gerade angeführten Beispiel wol gewöhnlich geschehen wird) auch als einfach komisch und nicht als witzig auffassen, indem man dabei weniger den Wettstreit der beiden Vorstellungen berücksichtigt, sondern vielmehr die komische Situation in's Auge fasst, dass Jemand, der sich aus Eitelkeit einen Anstrich von Bildung geben will und daher Fremdworte anwendet, nun durch Verstümmelung derselben doch seine Unbildung verräth, sich blamirt und auf diese Weise unser Gerechtigkeitsgefühl befriedigt. Dagegen werden wir die folgenden Confusionen schon eher als witzig auffassen: Finis coronat opium; tres faciunt collodium; Omnia mea mecum portemonnaie; exempla sunt spirituosa, mundus vult deficit etc. Hierher gehören vor allen Dingen auch die witzigen Verdeutschungen fremder Worte, die sich bei Fischart in so überaus reichlicher Zahl finden und die einerseits zwar von seiner kecken und oft zu weit gehenden muthwilligen Laune Zeugniss ablegen, andererseits aber auch wie Kurz in seiner Geschichte der deutschen Literatur richtig anführt, die ächt volksmässige Schöpfungskraft in ihm erkennen lassen, welche das fremde Wort zwar beibehält, ihm aber deutsche Form und deutsche Bedeutung giebt, wie in unseren Worten Opfern (von dem lat. offerre), Körper (corpus) etc. So bildet Fischart maulhenkolisch (für melancholisch), Pfotengram (Podagra), Affrich (Afrika), Notnar (Notar), Jesuwider (Jesuit), Untenamend (Fundament), Amend (Amen) u. s. w.

Die Aehnlichkeit der beiden zusammengebrachten Worte braucht sich aber nicht immer auf den äusseren *Klang* zu beziehen, sondern kann auch in anderen Verhältnissen stattfinden. So entsteht z. B. in dem „doppelten Kinderlöffel für Zwillinge", den Lichtenberg in seinem bekannten Auctionsverzeichniss ausbietet, das angenehme Gefühl durch die wegen ihrer inneren Aehnlichkeit leicht vor sich gehende Association der beiden Begriffe *doppelter* Löffel und *Zwillinge*, während das Unsinnige der Zusammenstellung uns Unlust macht. In wieder anderen Fällen ist die Aehnlichkeit eine ganz versteckte und nur partielle und wird erst durch den Witz aufgefunden und hervorgehoben. Für diese Fälle passt die alte Definition, dass der Witz eine Fertigkeit sei, versteckte Aehnlichkeiten zu finden. Als Beispiel diene folgende Witzreihe von Heine, der von einer auffallend hässlichen Frau sagt: „Diese Frau glich in vielen Punkten der Venus von Melos, sie ist auch ausserordentlich alt, hat ebenfalls keine Zähne und auf der gelblichen Oberfläche ihres Körpers einige weisse Flecken etc." Wir fühlen einerseits, dass dieser Vergleich zweier ganz heterogenen Gegenstände (einer hässlichen Frau mit der Venus) ein völlig unpassender ist — werden aber doch durch die wirklich vorgefundenen partiellen Aehnlichkeiten angenehm überrascht. Ein im gewissen Sinne umgekehrtes Beispiel wie das vorliegende bildet die *witzige Carricatur*, bei der wir in toto wohl die Aehnlichkeit des Bildes mit dem

Gegenstande oder der dargestellten Person herausfinden, aber doch durch die darin enthaltene Uebertreibung unangenehm berührt werden. Das was die Carricatur im Bilde, das ist die witzige Uebertreibung oder Hyperbel in der Darstellung durch Worte. Ich erinnere z. B. an Haug's Zweihundert Hyperbeln auf Herrn Wahls „ungeheure Nase", von denen hier die folgende einen Platz finden mag:

> Er stand und sprach vor seinem Haus,
>
> Da hielt ein Güterwagen an.
>
> He! rief der trunk'ne Fuhrmann aus:
>
> Den neuen Schlagbaum aufgethan!

Aus Kuno Fischer will ich hier noch einen recht guten Witz dieser Art mittheilen, den man sich von Friedrich Wilhelm IV. erzählt. — Auf einer seiner Landreisen wird der König in einer kleinen Provinzialstadt von der Obrigkeit empfangen und von dem Bürgermeister des Städtchens in feierlicher Anrede begrüsst; an dem kleinen wohlbeleibten Mann tritt nichts so hervor als die weisse Weste in stattlicher Wölbung; das Wetter ist sehr kalt und die Rede nimmt kein Ende; da unterbricht der König den Redner gleichsam besorgt um seine Gesundheit und auf die Weste deutend sagt er gütig: „mein Lieber, erkälten Sie sich Ihren Montblanc nicht." — Diese

Anekdote enthält eine Fülle komischer Contraste, der eigentliche Witz beruht aber offenbar auf der Verbindung resp. Substituirung zweier vollständig heterogener Vorstellungen, die aber eine gewisse Aehnlichkeit mit einander haben. Fischer führt diesen Witz unter dem Wortspiel (speciell unter der mit „Doppelsinn" überschriebenen Form) auf, nach meiner Auffassung aber mit Unrecht, denn das Wort Montblanc enthält *an und für sich* keinen Doppelsinn.

In manchen Fällen ist die versteckte Aehnlichkeit, die der Witz aufdecken soll, nicht direct ausgesprochen, sondern kann erst nach Kenntniss gewisser Verhältnisse verstanden werden. Als Beispiel führe ich einen fall von witzigem Anachronismus an: Ein italienischer Maler wurde von dem Prior eines Klosters aufgefordert, für dessen Kirche ein Altar-Bild, das heilige Abendmahl darstellend, zu malen. Er macht sich an die Arbeit; lernt aber während derselben den Prior als einen ganz schlechten Menschen, einen Lügner und Verräther kennen, der ihn selbst um den bedungenen Lohn betrügen will. Darüber entrüstet, beschliesst der witzige Maler sich zu rächen und malt in einer Nacht, nachdem das Bild vorher bis auf die Person des Judas fertig geworden war, die Gestalt des Priors wie er leibt und lebt an dessen Stelle, um sich dann natürlich heimlich davon zu machen. — Das Bild enthält einen Anachronismus, der in diesem Falle aber nicht blos komisch, sondern für den, der die Verhältnisse kennt, auch witzig wirkt. Die Person des Judas und des Priors, die hier mit einander indentificirt sind, gehören zeitlich nicht zu einander, dagegen finden wir in Beziehung auf ihren Geiz und ihre Verrätherei zwischen beiden eine Aehnlichkeit, die in Verbindung mit dem Anachronismus den Witz erzeugt. Die komische Wirkung wird in diesem Fall dadurch unterstützt, dass die gerechte Schadenfreude mit eine Rolle spielt; wir gönnen dem Prior wegen seiner Schlechtigkeit diese Blamage und den Aerger, den er doch wahrscheinlich über das Bild empfunden. Solche Witze, bei denen die gerechte Schadenfreude mitwirkt, nennen wir *satyrische Witze* oder *Sarkasmen*, deren Wesen also in einer zum eigentlichen Witz hinzukommenden Nebenwirkung besteht.

Sahen wir in der ersten oben besprochenen Klasse der Associationswitze die *Aehnlichkeit* zur Erzeugung des angenehmen Gefühls thätig, so treten in den anderen Klassen ebenso die Normen der *Gleichzeitigkeit* und *Succession* dafür ein. In dem schon erwähnten Lichtenberg'schen Auctionsverzeichniss wird u. A. weiter ausgeboten: Eine Mausefalle mit den nöthigen Mäusen dazu und ein messingenes Schlüsselloch. In dem ersten Beispiel erscheint es uns einerseits nach dem Gesetze der Coexistenz ganz natürlich, dass zur Mausefalle auch Mäuse gehören, andererseits sehen wir auch sofort das Unsinnige der Zusammenstellung ein. Ebenso ist es mit dem messingenen Schlüsselloch. Wir haben den Messing mit dem darin befindlichen Schlüsselloch so oft zusammen gesehen, dass wir diese beiden Begriffe leicht und ungezwungen in Zusammenhang bringen und deshalb lachen, wenn wir andererseits den Widersinn einsehen. — Es spielt in diesen Beispielen übrigens nebenbei auch das gesteigerte Selbstgefühl in gleicher Weise wie bei den Münchhausiaden mit. Wir merken, dass uns eine Falle gelegt ist, dass wir confuse gemacht werden sollten und freuen uns nun der glücklich überstandenen Prüfung.

Wir kommen jetzt zur zweiten Hauptgruppe der Witze, die wir

2. DOPPELSINN-WITZE

nannten. Bei den Doppelsinn-Witzen werden die zwei Vorstellungen resp. Vorstellungskreise,
die in dem Witz uns dargeboten sind und mit einander in den Wettstreit eingehen sollen, ge-
bildet: erstlich durch ein Wort, eine Aeusserung, Geberde oder Darstellung irgend welcher Art,
und zweitens durch die Situation oder den Zusammenhang des Satzes, in welchem jene stehen.
— Das erste dieser Glieder lässt eine doppelte Deutung zu, enthält einen Doppelsinn und je
nachdem nun die eine oder die andere Bedeutung substituirt wird, passt das erste Glied in
Bezug auf die logischen Normen (oder Ideen der Wahrheit) in den Zusammenhang vollständig
hinein — oder nicht (resp. weniger gut).

Eine grosse Unterabtheilung hierzu bildet das Wortspiel oder genauer

a) *das homonyme Wortspiel.*

Bei diesem entsteht der Doppelsinn dadurch, dass das eine Wort zwei homonyme Bedeutungen in sich schliesst und zwar am häufigsten die methaphorische und sinnliche Bedeutung. Diese Witze sind sehr verbreitet und stehen ihrem Werthe nach den Klangwitzen nahe, weil sie sehr wohlfeil sind. Nicht eigentlich wir machen dieselben, sondern die Sprache macht sie für uns. — Auf unterster Stufe steht das Wortspiel mit Namen, von welchem u. A. Falstaff auch ein Beispiel liefert, wenn er zu seinem Fähndrich Pistol sagt: „Drücke Dich aus unserer Gesellschaft ab Pistol". Das Wortspiel ist hierin sogar ein doppeltes. Erstlich das mit dem Worte Pistol, das in der Bedeutung des Namens nicht eigentlich in den Zusammenhang des Satzes passt, (namentlich, wenn wir uns denken, es hiesse etwa: *schiesse* Dich ab), während die andere Bedeutung einen Sinn giebt, der aber hier nicht gemeint ist. Durch Einzukommen des zweiten Wortspiels, oder richtiger Klangwitzes, welcher die Worte „sich abdrücken und sich drücken" für einander substituirt, wird der Witz verdoppelt und dem Wortspiel gewissermaassen der Weg besser gebahnt.

In einer Schule trug der Lehrer die Geschichte des Tobias ganz mit den Worten der heiligen Schrift vor. Bei den Worten „Hanna aber, sein Weib, die arbeitete fleissig mit ihrer Hand und ernährte ihn *mit Spinnen*", machte ein Mädchen mit Gesicht und Händen die Geberde des Abscheues und Ekels. „Agnes, was hast Du denn?" ruft der Lehrer: Antwort: „Ach Herr Lehrer, ist denn das wirklich wahr?" Lehrer: „Warum zweifelst Du daran?" Kind: „O, weil *die Spinnen* doch gar zu schlecht schmecken müssen!" — In der vorliegenden Anekdote, so wie sie hier erzählt ist, ist die Aeusserung des Kindes offenbar eine pseudonaive. Die Kleine sagt eigentlich etwas Dummes, aber indem wir uns auf den Standpunkt des in diesem Falle leicht entschuldbaren Missverständnisses stellen, hat sie mit ihren Worten eigentlich ganz recht. Dieselbe Aeusserung können wir aber auch als Witz auffassen und zwar als Wortspiel, wenn wir das Wort „*Spinnen*" bald in der einen, bald in der anderen Bedeutung in den Zusammenhang substituiren. Einen logischen Sinn geben in vorliegendem Falle eigentlich beide Bedeutungen, doch kann es für den Einsichtsvollen keinen Augenblick zweifelhaft sein, welche von beiden die gemeinte ist. Eine doppelt komische Wirkung entsteht oft dadurch, dass die nicht gemeinte Bedeutung uns zuerst allein aufstösst und wir gerade bei der Substituirung dieser ausserdem noch unsere Schadenfreude befriedigt sehen, wie im folgenden Beispiel. — Ein im Bezahlen seiner Rechnungen sehr säumiger Herr schickt seinen Diener zum Schneider, um diesen zum Maassnehmen für einen neuen Anzug zu sich zu bestellen. „Nun Friedrich"! fragt er den Rückkehrenden, „warst Du beim Schneider? Wann kommt er?" Antwort: „Gnädiger Herr, in einer *schwachen* Stunde wird er herkommen, hat er g'sagt." — In einer schwachen Stunde soll offenbar soviel heissen wie in einer kleinen Stunde (so wie man von einer starken und schwachen Meile spricht). Die andere Bedeutung, die eigentlich nicht gemeint ist, aber ganz der Situation entsprechend die Abneigung des Schneiders ausdrückt, für einen so schlechten Zahler weiter zu arbeiten, fällt uns jedoch zunächst auf, und wir lachen deshalb um so mehr. — Es gehört dieser Witz, besonders wenn wir annehmen, dass der Schneider oder der Diener ihn absichtlich gemacht habe, zu den sog. *zweideutigen Wortspielen*, von denen Kuno Fischer sehr richtig sagt: „Jetzt ist der Doppelsinn nicht mehr harmlos, sondern pikant; das Wortspiel hat nicht blos zwei Bedeutungen, sondern zwei Gesichter, das eine ist Maske, das andere das wahre Gesicht; jenes sieht harmlos aus, dieses hat den Schalk im Nacken."

Bei einer anderen Klasse der Wortspiele ist es nicht die *homonyme* Bedeutung eines Wortes, sondern die doppelte Bedeutung, die dadurch entsteht, dass ein Wort dem Zusammenhang des Ganzen entsprechend (und zwar nicht immer ganz correct) in einem weiteren oder engeren Sinne gebraucht und dann im Witze plötzlich in seine wirklichen Grenzen zurückgewiesen wird. Ich nenne diese Wortspiele deshalb und führe zuerst solche an, bei denen ein Begriff, der eigentlich eine weitere Bedeutung hat, zunächst in einem engeren Sinne gebraucht wird und in diesem in den Zusammenhang des Ganzen nicht hineinpasst, während die Substituirung der eigentlich richtigen, weiter umfassenden Bedeutung, an die wir aber erst erinnert werden müssen, einen richtigen Sinn ergiebt. Fast sämmtliche Beispiele, die Schopenhauer vom Witz giebt, gehören in diese eben genannte Klasse und wir werden das gewissermaassen begreiflich finden, wenn wir uns der Schopenhauer'schen Definition des Lächerlichen erinnern. Die paradoxe und daher unerwartete Subsumtion eines Gegenstandes unter einen ihm übrigens heterogenen Begriff gilt ihm als das Kennzeichen des Lächerlichen. Dabei soll beim Witz das Auffinden dieser Incongruenz vom Anschaulichen zum Begriff übergehen. Schopenhauer erzählt folgende Witze:

Ein Gascogner geht bei strenger Winterkälte in leichter Sommerkleidung umher. Der König, der ihm begegnet, lacht über ihn, worauf der Gascogner sagt: Hätten Ew. Majestät angezogen, was ich angezogen habe, so würden Sie es sehr warm finden. Auf die Frage: was er denn angezogen habe, erwidert er: „meine ganze Garderobe." — Unter dem *was* (ich angezogen habe) verstehen wir zunächst, der Situation ganz entsprechend, den Anzug, den wir auf seinem Leibe sehen und es scheint uns diese kärgliche dünne Bekleidung seine Behauptung nicht zu rechtfertigen. — In seiner weiteren Antwort wird aber dieses von uns selbstverständlich in so enger Bedeutung aufgefasste *„was ich anhabe"* plötzlich erweitert zu dem Begriff „meine ganze Garderobe" und in dieser Bedeutung passt allerdings seine Antwort vollkommen zur Situation. —

„Das Publikum eines Theaters in Paris verlangte einst, dass die Marseillaise gespielt werde und gerieth, als dies nicht geschah, in grosses Schreien und Toben, so dass endlich ein Polizeicommissarius in Uniform auf die Bühne trat und erklärte, es sei nicht erlaubt, dass im Theater etwas Anderes vorkomme, als was auf dem Zettel stehe. Da rief eine Stimme: „„Et vous, Monsieur, êtes-vous aussi sur l'affiche?"" welcher Einfall das einstimmigste Gelächter erregte."

Das Wort, um welches es sich bei diesem Witze handelt, ist das Wort *vorkommen*. Wir fassen dasselbe zunächst und entsprechend dem, wie es gemeint ist, in dem Sinne von: „aufgeführt werden" auf, „es darf im Theater nichts Anderes aufgeführt werden" etc. Der witzige Einfall erweitert aber plötzlich die Bedeutung zu ihrem eigentlichen Umfang und nun fällt das Auftreten des Polizeibeamten auch mit unter den Begriff: vorkommen. Hätte der Beamte sich correct ausgedrückt und gesagt: es darf nichts Anderes aufgeführt werden, als was auf dem Zettel steht, so wäre die Gelegenheit zu dem vorliegenden Witz genommen. —

Gerade die gegentheilige Operation findet bei den folgenden Witzen statt, bei denen ein Wort zuerst in einer weiteren Bedeutung gebraucht ist und nun plötzlich durch den Witz eingeschränkt wird.

Die Beispiele dazu entlehne ich aus Kuno Fischer, der dieselben unter der Form „Das witzige Abfertigen" mittheilt, ohne auf das eigentliche punctum saliens bei diesen Witzen einzugehen.

„Herzog Karl von Württemberg trifft auf einem seiner Spazierritte von ungefähr einen Färber, der mit seiner Handthierung beschäftigt ist; „kann er meinen Schimmel blau färben?" ruft ihm der Herzog zu, und erhält die Antwort zurück: „ja wohl, Durchlaucht, wenn er das Sieden vertragen kann". Die beiden Glieder des Witzes sind die *bejahende* Antwort und das Wort *„können"*. In der Frage des Herzogs ist letzteres in der weiteren Bedeutung gemeint „können, so dass es eben ohne Schaden geschieht." In der Antwort aber wird die Bedeutung in ihre strengen eigentlichen Grenzen zurückgewiesen und erst zu dieser Bedeutung passt die bejahende Antwort. —

Zur Verstärkung der komischen Wirkung, aber ganz ausserhalb des Witzes gelegen, kommt das Moment der witzigen Abfertigung hinzu (das also zur Unterscheidung einer besonderen Witzform eigentlich nicht gebraucht werden kann). Wir sympathisiren mit dem Färber, der vom Herzog geschraubt werden soll und gönnen letzterem die Abfertigung, die er sich zuzieht, als eine gerechte Strafe für seine böse Absicht. Aber auch ohne dies Nebenmoment bleibt der Witz als solcher bestehen und wir können ihn etwa in die Räthselfrage kleiden: Kann man einen Schimmel blau färben? Antwort: Ja, wenn er das Sieden vertragen kann.

„Friedrich der Grosse hört von einem Prediger in Schlesien, der im Rufe steht, mit Geistern zu verkehren; er lässt den Mann kommen und empfängt ihn mit der Frage: „Er kann Geister beschwören?" Die Antwort war: „zu Befehl, Majestät, aber sie kommen nicht". — Die beiden Glieder des Witzes sind auch hier die bejahende Antwort und das Wort „beschwören", das in seiner doppelten Bedeutung zu dem Wortspiel Veranlassung giebt. In der Frage ist dasselbe so gemeint, dass wir ohne Weiteres das Erscheinen der Geister mit einbegreifen; in der Antwort wird das Wort auf seine eigentliche Bedeutung zurückgeführt und daraus entsteht der Wettstreit mit der bejahenden Antwort. — Auch hier dient das Moment der Abfertigung nur zur Erhöhung der komischen Wirkung.

Es braucht aber nicht immer *ein* Wort zu sein, welches eine doppelte Bedeutung enthält, oft ist es auch die Construction die einen doppelten Sinn zulässt. Diese sind häufig unwillkürliche wie z. B. der folgende. — Einer unserer verflossenen Duodezfürsten überraschte eines Tages seinen Kammerdiener, wie dieser behaglich auf dem Thronsessel Probe sass und fuhr ihn mit den heftigen Worten an: „Kerl, verdammter, wie kommst Du mir vor? bildest Dir wohl gar ein, regierender Herr zu sein, dumm genug wärst Du dazu!" — Was der Kurfürst sagen wollte, ist wol klar: „Du bist dumm genug, Dir das einzubilden." Durch die etwas uncorrecte Satzstellung aber ist der Sinn: „Dumm genug, regierender Herr zu sein" nahe gelegt, der offenbar nicht der gemeinte ist. Daraus aber entsteht ein Witz, dessen komische Wirkung zunächst dadurch beträchtlich erhöht wird, dass wir aus dem Munde eines Mannes, dem wir von vornherein übel wollen, diese (in gewisser Auffassung) naive Aeusserung, mit der er sich selbst ins eigene Fleisch trifft, gern und mit einer nicht unberechtigten Schadenfreude hören, weil wir diesen eigentlich nicht gemeinten Sinn, für den mit der Wahrheit am meisten übereinstimmenden halten. Dadurch, dass wir aber wissen, dass der Fürst seine Aeusserung nicht so gemeint hat, wird aus der Naivetät ein **unbewusster Witz**, indem bei Substituirung der beiden möglichen Constructionsauslegungen ein Wettstreit zwischen den beiden Sätzen eintritt. —

So wie hier in der doppelsinnigen Construction oder wie vorher in einem doppelsinnigen Wort, so liegt oft das punctum saliens des Witzes in einem ganzen Satze, der seinen Doppelsinn entweder in sich trägt oder durch eine ihn begleitende Geberde erhält. Meist handelt es sich dabei um ein absichtliches Missverständniss. Ich will diese Classe nennen. Als Beispiele dienen folgende Anekdoten: Eine Dame steckt den Kopf zum Coupé-fenster hinaus und schreit mit giftigem Gesicht: Herr Conducteur, ist es erlaubt, in diesem Coupé zu rauchen? „Wenn die Herren darin nichts dagegen haben, so können die gnädige Frau getrost rauchen", lautet die Antwort. — Die beiden Glieder des Witzes, die hier mit einander in Wettstreit treten, sind: die Frage und Antwort; die Gelegenheit zum Witze giebt die mögliche doppelte Deutung der Frage. Die Dame will sich offenbar über die rauchenden Herren beschweren; der Schaffner aber deutet ihre Frage anders, wozu er, wenn er die Geberde der Dame nicht bemerkt oder bemerken will, volles Recht hat. Die komische Wirkung wird auch hier durch unsere Schadenfreude gesteigert. Wir sympathisiren mit den rauchenden Herren, welche durch die Dame in ihrem Genuss gestört werden sollen und freuen uns, dass Letztere mit ihrer Beschwerde so lächerlich abfällt. —

In einer Dorfschule wird der Katechismus überhört. Der Lehrer sieht einen Knaben ganz unaufmerksam dasitzen und fasst ihn schnell mit den Worten beim Arm: „Was ist das?" um ihn nach der Lutherschen Erklärung des eben von einem andern Schüler hergesagten Gebotes zu examiniren. Der Unaufmerksame stottert die Antwort hervor: „Das ist meiner Mutter ihre alte Pelzjacke." Diese Antwort erregt natürlich unter den Mitschülern unbändiges Gelächter. Einzelne der Lacher werden vielleicht das unbewusst Witzige der Antwort gar nicht bemerken. Sie lachen einfach aus gerechter Schadenfreude über die der Dummheit resp. Unaufmerksamkeit folgende Blamage und etwaige Strafe. Anderen Schülern aber wird der Witz jener Aeusserung nicht entgehen. Die Frage des Lehrers war eine doppelsinnige, indem dieselbe durch Anfassen des Armes d. h. also der Jacke des Schülers begleitet war. Welchen Sinn die Frage eigentlich haben *soll*, darüber ist uns kein Zweifel; durch den Doppelsinn der Frage entsteht nun aber zwischen Frage und Antwort ein Wettstreit. In gewissem Sinne passen beide zu einander, in anderem Sinne und zwar dem eigentlich gemeinten, dagegen gar nicht. Das war ja aber das Charakteristicum des Witzes. —

Wir haben in den letzten Nebenformen den Widerspruch zwischen dem wirklich Gesproche-nen und dem eigentlich Gemeinten als wesentlich erkennen müssen. Zwei andere Nebenformen zeigen ebenfalls diesen Widerspruch; doch ist bei ihnen der Doppelsinn nicht in dem gespro-chenen Wort oder der geschehenen Aeusseruug selbst enthalten, sondern wird erst durch die Hörenden dem Sinn des Redenden entsprechend hineingelegt. Es sind dies die beiden Formen der Ironie und des Vexirwitzes.

charakterisirt sich dadurch, dass sie gerade das Gegentheil von dem behauptet, was sie wirklich meint, dabei aber voraussetzt, dass der Hörende den eigentlich gemeinten Sinn erräth. Sie lobt eben *die* Eigenschaften des Subjects, die sie tadeln will, indem sie ihnen Gründe vorstreckt, deren Unhaltbarkeit gerade in der Uebertreibung zu Tage kommt, oder sie sagt die entgegengesetzten schönen Eigenschaften von ihm aus [1]. — In ähnlicher Weise wie beim Wortspiel — nur noch etwas verborgener und darum für den Hörer angenehmer kitzelnd — enthält das ausgesprochene Urtheil eigentlich einen doppelten Sinn: einmal den wörtlich genommenen und zweitens den versteckten gegentheiligen; der letztere passt zur Situation, der andere nicht und indem bald der eine, bald der andere substituirt wird, erzeugt sich bald die Möglichkeit, bald die Unmöglichkeit der Vereinigung. — Je versteckter der Angriff, um so schwerer ist die Vertheidigung, um so sicherer trifft der abgeschossene Pfeil. Darum wirkt die Ironie so überaus vernichtend; denn wenn sie nicht plump, sondern fein angelegt ist, weiss der Angegriffene im ersten Augenblick wohl gar nicht, ob er's mit Ernst oder mit Ironie zu thun hat, und merkt er nun den Angriff, so gesteht er durch eine Vertheidigung zu, dass er das Lob, das ihm im wörtlichen Sinne gespendet wurde, nicht verdient habe, in der That also in dem betreffenden Punkte tadelnswerth sei. Besonders häufig bedient sich der Humor der Ironie als Waffe, indem er z. B. Handlungen, die aus grossartigen, oft grossartig bösen Motiven hervorgegangen sind, ganz im Sinne des Humors auf die kleinlichsten Gründe zurückführt. So sucht z. B. Hamlet im unversöhnten ironischen Humor die schnelle Heirath seiner Mutter zu entschuldigen: „Pah, Oekonomie, Oekonomie; das Gebackene zum Leichenschmaus gab kalte Hochzeitsschüsseln!"

Der Grund weshalb dem Humor unter allen Formen des Witzes die Ironie gerade bei Weitem am meisten zusagt, ist leicht einzusehen. Die Neigung des Humors, das ihm entgegentretende Alltägliche, Kleine, Niedrige, Gemeine mit den höchsten sittlichen und religiösen Ideen in Gegensatz zu bringen, findet eben am leichtesten in der Form der Ironie Ausdruck, da diese ja gerade in der Vereinigung der grösst- denkbaren Gegensätze d. h. der Gegentheile besteht. — Deshalb aber, weil der Humor die Ironie so vorwiegend in seinen Dienst nimmt, darf man beide nicht mit einander verwechseln. —

In der Hand des Kritikers ist die Ironie eine der schärfsten Waffen. Unter den neueren Schriftstellern ist als Meister in ihrer Benutzung Paul Lindau zu nennen, der in seinen „literarischen Rücksichtslosigkeiten", namentlich aber auch in seinen „harmlosen Briefen eines deutschen Kleinstädters" eine unerschöpfliche Fundgrube von ironischen Witzen bietet, auf die ich hier nur verweisen kann.

hat viel Aehnlichkeit mit der Ironie, ist aber durchaus harmlos und nimmt eine ziemlich niedrige Stufe im Gebiet des Witzes ein. Wenn ich z. B. sage: Es ist doch recht abgeschmackt von Schiller, dass er seinen Don Carlos mit der alten, abgedroschenen Phrase beginnt: „Die schönen Tage von Aranjuez sind nun vorüber", so ist das ein Vexirwitz, indem ich dabei voraussetze, dass der Hörende weiss, was ich eigentlich sagen will und, die Entstellung der Thatsachen sofort merkend, den richtigen Sinn substituirt.

Wie bei den Münchhausiaden, die unter Umständen auch als Vexirwitze aufzufassen sind, wird das angenehme Gefühl durch die Freude darüber, dass wir der beabsichtigten Täuschung nicht unterlegen sind, noch erhöht.

Hiermit haben wir den Witz in seinen wesentlichsten Formen vorgeführt und wenden uns jetzt noch einmal zu dem ganzen Gebiet des Lächerlichen zurück. —

Wir haben nachzuweisen gesucht, dass bei allem Komischen zwei Gefühle, ein angenehmes und ein unangenehmes erregt werden. Wir haben ferner die Thatsache schon kurz erwähnt, dass diese beiden Gefühle von gleicher Stärke sein und *gleichzeitig* entstehen müssen, so dass sie mit einer gewissen Plötzlichkeit aufeinanderstossen. Es ist zum psychologischen Verständniss des Lächerlichen durchaus nothwendig, dass wir auf dieses Verhältniss noch näher eingehen. Die Gleichzeitigkeit der Entstehung beider Gefühle bedingt die sog. „Pointe", ohne welche eben die komische Wirkung eines Witzes oder einer Anekdote verloren geht. In der Pointe werden die beiden contrairen Gefühle durch das Aufeinanderstossen von Sinn und Unsinn, von Harmonie und Disharmonie mit den verschiedenen Normen gleichzeitig erzeugt. —

Wie aber gelangen diese Gefühle zum Bewusstsein? Nach dem bekannten Satze von der Enge des Bewusstseins können in derselben Zeiteinheit nicht zwei Vorstellungen mit gleicher Schärfe vom Bewusstsein wahrgenommen werden; dasselbe gilt auch von den Gefühlen. Was wird und muss also geschehen, wenn zwei Gefühle zu gleicher Zeit erzeugt werden, die wegen ihrer Gegensätzlichkeit nicht in eins verschmelzen können? Die Selbstbeobachtung der psychologischen Vorgänge in uns lässt uns dabei ziemlich im Stich, indem sie uns nur im Allgemeinen das Entstehen eines sog. Affectes schauen lässt. Wir wollen aber in das Wesen dieses Affectes eindringen und es bietet sich dazu nur ein Weg, auf welchen Wundt zuerst mit grosser Dringlichkeit in seinen Beiträgen zur Theorie der Sinneswahrnehmungen aufmerksam gemacht hat, indem er sagt: „Es wäre ein fundamentaler Irrthum, wenn man in Bezug auf die experimentelle Erforschung der Empfindungs- und Wahrnehmungsprocesse an der Meinung festhalten wollte: Alles, was man auf diesem Wege finde, seien nur Gesetze, die Gültigkeit für die Seele besitzen in ihrem Verhalten gegen äussere Sinnesreize, aber in dem von diesen unabhängigen Leben, im reinen Denken könnten vielleicht ganz abweichende Gesetze gültig sein, über die uns die Resultate unserer Experimente Nichts aussagten." — „Die experimentelle Untersuchung der Sinneswahrnehmungen und Vorstellungen ergiebt vielmehr ein Resultat, das unmittelbar auch auf die *höheren Sphären* geistiger Thätigkeit sich anwenden lässt". — Schon der Satz von der Enge des Bewusstseins ist ja wie bekannt aus der experimentellen Thatsache hergeleitet, dass wir nicht im Stande sind, in derselben Zeiteinheit scharfe Wahrnehmungen durch zwei verschiedene Sinne zu machen. Im vorliegenden Falle handelt es sich nun aber um *Gefühle*, die zwar einander conträr aber gleichsam von derselbeu Qualität sind und bei Entscheidung der Frage, was bei dem gleichzeitigen Auftreten solcher conträren Gefühle geschieht, werden wir also auf ähnliche Verhältnisse, aus der Sphäre der Sinneswahrnehmungen recurriren müssen. Die Fälle, in welchen ein und derselbe Punkt unserer Netzhaut zu gleicher Zeit von zwei aus derselben Richtung kommenden verschiedenen (namentlich verschieden gefärbten) Lichtstrahlen getroffen wird, werden offenbar dem hier zu ergründenden Factum ganz analog sein, und ihre genaue Prüfung wird uns das Verständniss des letzteren erschliessen. — Wenn das Licht zweier verschiedenen Gegenstände aus ein und derselben Richtung in unser Auge fallen soll, so müssen jene Gegenstände offenbar, wirklich oder scheinbar, hinter einander liegen und ausserdem wird im ersten Falle der vordere Gegenstand durchsichtig, also etwa von Glas sein müssen. Was geschiet nun, wenn wir einen Gegenstand durch eine farblose oder farbige Glasplatte betrachten? Fast immer wird unsere Aufmerksamkeit von dem hinter der Glasplatte liegenden Objecte so gefesselt, dass wir nur dieses bemerken, die Anwesenheit der Glasplatte dagegen vollständig ignoriren, und wenn sie gefärbt ist, ihre Farbe einfach dem durch sie gesehenen Gegenstande beilegen. Erst durch eine willkürliche Richtung unserer Aufmerksamkeit können wir uns zwingen, die Oberfläche der Glasplatte zu beobachten; doch wird, wenn uns an derselben Nichts mehr fesselt, sich uns immer wieder die Vorstellung des hinter ihr liegenden Gegenstandes aufdrängen. Wenn wir aber den Versuch so einrichten, dass unsere Aufmerksamkeit gleichmässig stark von der Glasplatte und dem Objecte in Anspruch genommen wird, so erhalten wir eine andere eigenthümliche Erscheinung. Legen wir nämlich nach Wundt's Angabe auf ein blaues Glas ein rothes Papier, in welches ein kleines Fenster geschnitten ist, so dass also die Oeffnung des Fensters blau und durchsichtig erscheint, und halten hinter das Glas in einiger Entfernung einen weissen Papierstreifen, so erscheint die Fensteröffnung plötzlich im lebhaftesten *Glanze*.

Noch deutlicher lassen sich die eben besprochenen Erscheinungen an Gegenständen experimentiren, welche ausser der Ausstrahlung ihres Eigenlichtes, Licht an ihrer Oberfläche reflectiren. Auch hier wird aus ein und derselben Richtung (also auf *einen* Punkt unserer Netzhaut) zweierlei verschiedenes, scheinbar aus verschiedener Entfernung kommendes Licht, in unser Auge gesandt, und in ähnlicher Weise wie in dem vorher besprochenen Falle, sehen wir auch hier je nach der Richtung unserer Aufmerksamkeit zwei verschiedene Erscheinungen auftreten, von denen wir die eine als Spiegelung, die andere (wie vorher) als Glanz erkennen. Ueber die Entstehung beider Phänomene und ihren gegenseitigen Unterschied, spricht sich Wundt folgendermaassen aus: „Ein Gegenstand *spiegelt*, dessen Oberfläche durch Reflexion ein solches Bild der umgebenden Objecte entwirft, dass wir den spiegelnden Gegenstand selber über der Betrachtung der Spiegelbilder vernachlässigen, indem wir diese gewissermaassen als die direkt betrachteten Gegenstände ansehen. Zur reinen Spiegelung gehört daher erstens eine gewisse Deutlichkeit der Spiegelbilder und zweitens eine solche Beschaffenheit des spiegelnden Gegenstandes, dass dieser nicht unsere Hauptaufmerksamkeit auf sich zieht; ebene oder gleichförmig gekrümmte polirte Flächen sind daher am häufigsten spiegelnde Objecte, insbesondere wenn sie farblos oder wenigstens gleichfarbig sind. Hat ein Object eine ausgeprägte Farbe, so regt dies schon leicht unsere Aufmerksamkeit an, und dies findet in noch höherem Maasse statt, wenn die Farbe nicht gleichmässig über die Oberfläche vertheilt ist. Wir nennen einen Gegenstand *glänzend*, wenn derselbe so beschaffen ist, dass wir zugleich den Gegenstand und die von demselben entworfenen Spiegelbilder in's Auge zu fassen genöthigt sind, wenn wir also gleichzeitig verschiedene Gegenstände sehen, die hintereinander in verschiedener Entfernung vom Auge gelegen scheinen und die daher sich decken sollten. *Zu diesem gleichzeitigen Auffassen des Objects und seiner Spiegelbilder ist nothwendig, dass keins von Beiden über das andere das Uebergewicht erlange*; werden die Spiegelbilder unmerklich, so hört natürlich der Glanz auf, wir sehen nur noch den Gegenstand in seinem eigenen Lichte; werden aber die Spiegelbilder sehr stark, so geht der Glanz in Spiegelung über. Wundt beweist ferner durch eine Reihe von Experimenten (p. 305-307), dass der Glanz nicht auf Accommodationsverschiedenheit, d. h. der verschiedenen Einstellung der Augen für die scheinbar oder wirklich verschiedenen Entfernungen der beiden Objecte beruht, sondern als ein Product der Vorstellungsthätigkeit auftritt und zwar definirt er den Glanz als einen solchen Urtheilsprozess, bei welchem die einzelnen Bestandtheile einer gegebenen Mischempfindung von einander losgelöst und für sich vorgestellt werden; während wir die beiden Farben (des spiegelnden und gespiegelten Lichtes) zugleich sehen, unterscheiden wir sie noch von einander. Wir erhalten beim Glanz die Vorstellung eines Gegenstandes, der das Bild eines anderen spiegelt, aber den Gegenstand deutlich aufzufassen, verhindert uns das Spiegelbild und das Spiegelbild deutlich aufzufassen, verhindert uns der Gegenstand. Der wesentliche Grund hierfür ist die Unmöglichkeit gleichzeitig zwei Dinge klar vorzustellen, die sich nicht in *eine* Vorstellung vereinigen lassen. Unsere Vorstellungsthätigkeit, die aber nach Klarheit strebt, wird deshalb in *schneller Schwankung von dem spiegelnden Gegenstand zum Spiegelbild, vom Spiegelbild zum Gegenstand hinüberschweifen* und darauf beruht das eigenthümliche Princip der Unruhe, was im Glanze liegt und z. B. auch von Brücke besonders hervorgehoben (freilich aber in etwas anderer Weise erklärt) wird. Auch die eigenthümliche Thatsache des von Dove entdeckten stereoskopischen Glanzes beweist und illustrirt das eben Gesagte. Dove zeichnete die stereoskopische Projection eines Prismas oder einer anderen Figur für das eine Auge mit weissen Linien auf matt schwarzem Grunde, für das andere Auge mit schwarzen Linien auf weissem Grunde. Bei stereoskopischer Vereinigung beider erscheint das Relief von graphitglänzenden Flächen begrenzt. Ausser Schwarz und Weiss geben auch andere Farben die Erscheinung des Glanzes; aber nicht jede beliebige Farbencombination ist zu brauchen. Denn contrastirt die eine Farbe merklich lebhafter gegen den Grund als die andere und drängt sie sich daher unserem Bewusstsein stärker auf, so wird sie allein gesehen. Der Glanz ist am lebhaftesten, wenn der Contrast beider Farben gegen ihren Grund stark und ungefähr gleich gross ist. Ausserdem wird der Glanz durch den gegenseitigen Contrast der beiden zu combinirenden Farben erhöht. Man combinire z. B. stereoskopisch Blau und Gelb. Macht man den Grund weiss, so verdrängt leicht Blau das Gelb vollständig, macht man den Grund schwarz, so verdrängt Gelb das Blau, macht man den Grund aber grau, so erhält man einen lebhaften Glanz.

Da nun Heimholz auf das Ueberzeugendste nachgewiesen hat, dass der Inhalt jedes einzelnen Sehfeldes, ohne durch organische Einrichtungen mit dem des andern verschmolzen zu sein, getrennt zum Bewusstsein gelangt, so ist auch in diesen Fällen der Glanz als ein Product der Vorstellungsthätigkeit aufzufassen. Der Glanz entsteht auch hier dadurch, dass unserem Bewusstsein zu gleicher Zeit zwei verschiedene Eindrücke geboten werden, die wir, weil sie aus einer Richtung kommen, zu combiniren streben, die aber durch ihre Verschiedenheit von einander nicht vereinbar sind, sich vielmehr jeder für sich unserem Bewusstsein aufzudrängen suchen und dadurch in *sehr schnellem Wechsel* nach einander zur Auffassung gelangen. Dass wir von diesem Wechsel der Eindrücke kein volles Bewusstsein haben und nur eine gewisse Unruhe im Glanze spüren, im Uebrigen aber den Eindruck einer einheitlichen Lichtausstrahlung empfangen, ist durchaus kein Gegengrund gegen diese Auffassung, denn auch beim gewöhnlichen Sehen, resp. Betrachten eines Gegenstandes streifen wir mit unseren Augen (mit der allein deutlich sehenden Macula lutea) schnell über denselben, gewissermaassen ihn betastend, hin, combiniren aber trotzdem die einzelnen Eindrücke zu einem einheitlichen Bilde, ohne zu merken, dass dasselbe aus verschiedenen, schnell auf einander folgenden Wahrnehmungen zusammengesetzt ist. —

Sehr häufig wechselt mit dem stereoskopischen Glanze ein anderes Phänomen ab — nämlich der sogenannte *Wettstreit der Sehfelder*, bei welchem die beiden Gesichtseindrücke in *langsamem* Wechsel (in Perioden von etwa 8 Secunden und länger) nach einander zum Bewusstsein kommen. Es tritt diese Erscheinung ein, wenn bestimmte Bedingungen [wie Wundt überzeugend nachgewiesen hat: eine durch unwillkürliche Bewegungen der Augen veranlasste momentane Verschiebung (Divergenz) der beiden Bilder] die Trennung der beiden gleichzeitig aufgenommenen Gesichtseindrücke begünstigen. Decken sich die beiden Farbenbilder vollständig, so sehen wir unter geeigneten Umständen Glanz oder auch nur *die* Farbe, die mit dem Grunde stärker als die andere contrastirt und dadurch sich der Aufmerksamkeit mehr aufdrängt. Sobald aber durch eine Schwankung der Sehaxen, wie sie durch Ermüdung oder durch willkürliche Veränderung der Aufmerksamkeit sehr leicht und fast immer eintritt, eine Verschiebung der Objecte gegen einander stattfindet, so dass sie sich nur noch theilweise decken, kommt die sog. Verdrängung durch Eigencontrast zur Geltung und wir sehen nur die Farbe, die mit dem Grunde am wenigsten contrastirt [1]. Dadurch, dass wir nun unsere Augenstellung immer wieder zu corrigiren suchen, wodurch die Verdrängung durch Contrast mit dem Grund mit der durch Eigencontrast fortwährend abwechselt, erhalten wir den Wettstreit der Sehfelder, der also auch darauf beruht, dass wir die verschiedenen Eindrücke beider Sehfelder zu vereinigen streben, dass aber Bedingungen eintreten, welche die Trennung beider, bald das eine, bald das andere mehr betonend, erleichtern. Beim Glanz sind keine Bedingungen vorhanden, welche abwechselnd das eine und das andere Bild bevorzugt sein lassen und die Trennung beider Bilder ist darum keine so prägnante, obwohl sie wegen der Unmöglichkeit, beide in Eins zu vereinigen, auch vorhanden ist. Es wird darum eben der Wechsel beider Bilder unendlich viel schneller eintreten und wir können *den Glanz einen sehr beschleunigten Wettstreit der Sehfelder nennen.* ——

Prüfen wir jetzt, welches der oben erörterten Gesetze auf das Komische Anwendung findet. Von einem Punkte aus sehen wir beim Komischen plötzlich und gleichzeitig zwei verschiedene unvereinbare Gefühlsqualitäten in uns erzeugt werden. Da nun der Affect des Komischen, wie die einfache Beobachtung lehrt, weder als ein unangenehmes, noch allein als ein angenehmes Gefühl sich auffassen lässt, so kann also von einer Verdrängung durch Contrast nicht die Rede sein, vielmehr ergiebt sich bei näherem Eingehen die völlige Analogie zwischen der Erscheinung des Glanzes und dem Komischen, da andererseits die Plötzlichkeit der Wirkung den langsamen Wettstreit der Sehfelder ausschliesst. Es stimmt hiermit die schon oben angedeutete Thatsache überein, und wird dadurch gewissermaassen bestätigt, dass die beiden conträren Gefühle beim Komischen von annähernd gleicher Stärke sein müssen, so dass keines von dem andern im Wettstreit ganz unterdrückt werden kann. Das Komische ist ein Mischgefühl eigenthümlicher Art; wie beim Glanze kommen die einzelnen Componenten in so schnellem Wechsel hintereinander zur Wirkung, dass wir scheinbar ein einheitliches Gefühl vor uns haben und nicht im Stande sind, die beiden Factoren desselben einzeln direct zu beobachten; so wie wir beim Glanze auch nicht direct darüber klar werden, dass derselbe aus zwei verschiedenen Lichtarten zusammengesetzt ist. *Hierdurch wird der Einwurf gegen meine obige Darstellung beseitigt, dass man sich ja der angenehmen und unangenehmen Gefühle, die ich im Komischen gefunden haben will, gar nicht bewusst werde, und dass sie deshalb auch gar nicht vorhanden sein könnten.* ——

Wir haben also das *Wesen des Lächerlichen als einen beschleunigten Wettstreit der Gefühle, d. h. als ein schnelles Hin- und Herschwanken zwischen Lust und Unlust erklärt.* Mit dieser Auffassung stimmen aber die auf ganz anderem Wege gewonnenen Resultate der metaphysisch-ästhetischen Untersuchungen von Vischer und die Ansichten Kant's völlig überein. Kant hebt hervor, dass beim Lächerlichen, wenn der Schein, der uns auf einen Augenblick getäuscht hat, in Nichts verschwindet, das Gemüth wieder zurücksieht, um es mit ihm noch einmal zu versuchen und so durch *schnell hintereinanderfolgende Anspannung hin- und zurückgeschnellt und in Schwankung versetzt wird,* die, weil der Absprung von dem, was gleichsam die Saite anzog, plötzlich (nicht durch ein allmähliches Nachlassen) geschah, eine Gemüthsbewegung und mit ihr harmonirende inwendige körperliche Bewegung verursachen muss, die unwillkürlich fortdauerte und Ermüdung, dabei aber auch Aufheiterung (die Wirkung einer zur Gesundheit gereichenden Motion) hervorbringt.

Ganz ähnlich schildert Vischer [1] diesen *Wettstreit der Gefühle* in folgenden Worten: „Dieses Lustgefühl darf aber mit demjenigen nicht verwechselt werden, welches aus der Anschauung des Schönen fliesst, denn es ist ein gegensätzlich bewegtes". „Die gegensätzlichen Glieder bilden eine widerspruchsvolle Einheit und ihr Ineinander nöthigt das Gefühl, zwischen ihnen herüber und hinüber zu gehen, *was als ein rascher Wechsel zwischen Lust und Unlust empfunden wird, so zwar, dass jene durch diese verdoppelt, aber auch durch sie bedingt ist".* — „Es ist also Lust durch Unlust, doppelte, weil durch Unlust gewürzte Lust, aber doch Lust mit Unlust. *Es ist ein durchaus bewegtes Gefühl, worin Unlust in Lust, Lust in Unlust hinüberzittert."* — Es lässt sich wohl nichts gegen die Behauptung einwenden, dass die Uebereinstimmung dieser auf ganz anderem Wege gefundenen Resultate mit der von mir aufgestellten Theorie des Komischen einen weiteren Beweis für die Richtigkeit derselben abgiebt. — Jetzt haben wir noch die Thatsache in's Auge zu fassen, dass uns das Komische doch in toto als etwas entschieden Angenehmes erscheint, ja die gewöhnlichen Grade des Angenehmen gewissermaassen noch übertrifft. Eine Art von Erklärung finden wir in der obigen Aeusserung Vischer's, wo er das Komische „doppelte, weil durch Unlust gewürzte Lust" nennt. Vor Allem müssen wir aber auch hier wieder die Analogie mit dem Glanze hervorheben. Bei demselben erhalten wir ebenfalls überwiegend den Eindruck des helleren Lichtes, während das Schwarz nicht ganz unterdrückt, aber doch gewissermassen unwirksam gemacht ist. Es werden in dem beschleunigten Wettstreit der Sehfelder, den wir Glanz nennen, die hellen Lichter gewissermassen stärker betont und in ganz derselben Weise zeigen sich auch bei dem beschleunigten Wettstreit der Gefühle, welcher das Komische bildet, die angenehmen Gefühle als hauptsächlich wirksam und wir können, wenn wir die physiologische Wirkung des Komischen erforschen wollen, das unangenehme Gefühl, das sich ja nie zum psychischen Schmerz steigern darf, so weit vernachlässigen, *dass wir das Komische als eine intermittirende, rhythmisch unterbrochene, freudige Gefühlserregung ansehen. —*

Diese freudige Erregung tritt nach jeder Intermission unvermittelt und plötzlich ein und ist somit der freudigen Ueberraschung analog. — Beobachten wir nun aber die somatischen Vorgänge während dieses eben genannten psychischen Zustandes, so fallen uns besonders bei den stärkeren Graden der Ueberraschung Symptome in's Auge, die neben anderen Reizungen unzweideutig eine Reizung der vasomotorischen Centren, also des Sympathicus beweisen. Wir beobachten im ersten Augenblicke eintretender Ueberraschung ein Blasswerden der Haut, (wie Domrich meint, nicht nur im Gesicht, sondern wahrscheinlich über den ganzen Körper). Die plötzliche Verengerung der Gefässe, durch welche dies Blasswerden bedingt wird, veranlasst weiter das Herz nach einem kurzen Augenblick des Stillstandes zu schnelleren und ausgiebigeren Zusammenziehungen, weil es bei Durchtreibung des Blutes durch die engeren Gefässe grössere Widerstände zu überwinden hat [2]. — Es sind auch hier besonders die kleineren Arterien, die durch die reflectorische Reizung des Sympathicus verengert werden, was sich aus folgendem Umstande, auf den schon Domrich aufmerksam macht, schliessen lässt. — Auf das Stadium der Gefässverengerung folgt nämlich bei der Ueberraschung nach kürzerer oder längerer Zeit ein Stadium der Gefässerweiterung und die vorher vorhandene Blässe macht einer mehr oder weniger saturirten Röthe Platz. Nun ist aber die Haut mit derselben bei Weitem nicht so gleichmässig und intensiv übergossen, wie bei der Scham, was eben daher rührt, dass die Verengerung und folgende Erweiterung mehr die kleineren Arterien der Haut und nicht wie bei der Scham das ganze Capillargefässsystem derselben trifft. — Eine einmalige freudige Ueberraschung ruft also eine einmalige Sympathicusreizung mit entsprechender Verengerung der kleineren Arterien hervor. *Demnach wird eine intermittirende freudige Erregung wie wir sie als Wesen des Komischen nachgewiesen haben, eine intermittirende Sympathicusreizung erwarten lassen. —*

Das war ja aber das Resultat, welches wir nach Maassgabe des schon Eingangs erwähnten Experimentes finden wollten und es ist damit die Psychologie des Komischen mit der Physiologie in Einklang gebracht. Wie die intermittirende Sympathicusreizung das Lachen als physiologisch nothwendige Folge nach sich zieht, haben wir im ersten Abschnitt dieser Arbeit gezeigt, und wir sind mithin jetzt im Stande, auch das Lachen, welches durch das Komische bewirkt wird, als zweckmässige Reflexbewegung völlig zu verstehen.

Made in the USA
Monee, IL
07 July 2026

56552373R00039